LE LIVRE DE RECETTES DE DESSERTS POUR LES DÉBUTANTS

100 recettes uniques et faciles à réaliser pour satisfaire vos envies de sucreries.

MARIENNE LACHANCE

Tous les droits sont réservés.

Avertissement

Les informations contenues dans cet eBook sont destinées à servir de collection complète de stratégies sur lesquelles l'auteur de cet eBook a effectué des recherches. Les résumés, stratégies, trucs et astuces ne sont que des recommandations de l'auteur, et la lecture de cet eBook ne garantit pas que ses résultats refléteront exactement les résultats de l'auteur. L'auteur de l'eBook a fait tous les efforts raisonnables pour fournir des informations actuelles et précises aux lecteurs de l'eBook. L'auteur et ses associés ne sauraient être tenus responsables des erreurs ou omissions involontaires qui pourraient être constatées. Le contenu de l'eBook peut inclure des informations provenant de tiers. Les documents de tiers comprennent les opinions exprimées par leurs propriétaires. En tant que tel, l'auteur de l'eBook n'assume aucune responsabilité pour tout matériel ou opinion de tiers.

L'eBook est protégé par copyright © 2022 avec tous droits réservés. Il est illégal de redistribuer, copier ou créer des travaux dérivés à partir de cet eBook en tout ou en partie. Aucune partie de ce rapport ne peut être reproduite ou retransmise sous quelque forme que ce soit sans l'autorisation écrite expresse et signée de l'auteur.

TABLE DES MATIÈRES

TABLE DES MATIÈRES.. 3
INTRODUCTION 7
  1.   Tarte italienne aux artichauts 8
  2.   Tarte aux spaghettis aux boulettes de viande 11
  3.   Panna cotta au chocolat.. 14
  4.   Galette au fromage avec salami 16
  5.   Panna cotta 19
  6.   Flan au caramel 21
  7.   Crème Catalane 23
  8.   Crème espagnole orange-citron 26
  9.   Melon ivre 28
  10.   Sorbet aux amandes... 30
  11.   Tarte espagnole aux pommes 32
  12.   Crème de caramel 35
  13.   Gâteau au fromage espagnol 37
  14.   Crème anglaise frite espagnole 40
  15.   Pêches italiennes au four.. 43
  16.   Gâteau italien épicé aux pruneaux et aux pruneaux .. 45
  17.   Bonbons espagnols aux noix 48
  18.   Pudding au miel.. 50
  19.   Tourte espagnole à l'oignon 53
  20.   soufflé à la poêle espagnole....................................... 56
  21.   Semifreddo au miel congelé....................................... 58
  22.   Sorbet avocat citron vert infusé à la coriandre 61
  23.   Cheesecake à la citrouille 63
  24.   Glace moka 66
  25.   Beignets aux cerises et au chocolat 68
  26.   Pudding aux mûres 71
  27.   Tarte à la citrouille au sirop d'érable 73
  28.   Tarte Cottage Rustique... 75

29.	Fondue au chocolat amaretto	78
30.	Flans au coulis de framboise	80
31.	Boulettes de fruits au bourbon	83
32.	Crème glacée à la tarte aux pacanes	85
33.	Pouding au pain aux pépites de cannelle	88
34.	Pommes au caramel au four	91
35.	Remerciez la tarte à la citrouille	94
36.	Bagatelle à la citrouille faible en gras	96
37.	Gâteau à la citrouille	99
38.	Pudding de chia	102
39.	Friandises aux pommes	104
40.	Mousse à la courge musquée	106
41.	Tarte aux patates douces du sud	108
42.	Brownies aux patates douces et au café	111
43.	Soufflé au maïs de Thanksgiving	114
44.	Glace aux canneberges	116
45.	Petites Noix	119
46.	Soufflé aux carottes de Thanksgiving	122
47.	Flan à la citrouille	124
48.	Casserole de maïs campagnard	128
49.	Relish aux canneberges et aux pacanes	130
50.	Galettes de dinde et de pommes de terre rissolées	132
51.	Tourte croquante aux pommes	135
52.	Tarte au caramel Amish gluante	138
53.	Feuilles d'automne	141
54.	Compote de fruits des vendanges	143
55.	Tarte aux canneberges de Thanksgiving	145
56.	Canneberges pétillantes	148
57.	Tarte fourrée au citron	150
58.	Fondue au chocolat amaretto	153
59.	Flans au coulis de framboise	155
60.	Gateau au chocolat	158
61.	Flan Almendra	161

62.	FRAISES ÉPICÉES	164
63.	FOU DE MÛRE	166
64.	ZABAGLIONE	168
65.	FRAMBOISES ET CRÈME	170
66.	BOULETTES DE FRUITS AU BOURBON	172
67.	MANGUES À L'INDIENNE	174
68.	GÂTEAU AU FROMAGE ITALIEN	176
69.	DUVET DE CITRON	178
70.	MERINGUES AUX AMANDES ET À LA NOIX DE COCO	180
71.	GÂTEAUX AVEC DES PÉPITES DE CHOCOLAT	182
72.	BROWNIES À LA FRITEUSE À AIR	185
73.	GÂTEAU AU FROMAGE AUX BAIES	188
74.	BEIGNETS DANS LA FRITEUSE À AIR	191
75.	GÂTEAU À LA CRÈME DE FRAISE À LA VANILLE	195
76.	BERRY COBBLER	198
77.	GÂTEAU BUNDT AU CHOCOLAT	201
78.	BISCUIT PB GÉANT	204
79.	BAGELS-DESSERTS	206
80.	POUDING AU PAIN	209
81.	MINI TARTES AUX FRAISES ET À LA CRÈME	211
82.	ANANAS GRILLÉ À LA BRÉSILIENNE	213
83.	BANANES À LA CANNELLE EN CROÛTE DE NOIX DE COCO	215
84.	TARTE À LA NOIX DE COCO FACILE SANS GLUTEN	218
85.	POUDING AUX PACANES	220
86.	MOUSSE DE LIQUEUR DE CAFÉ	223
87.	DESSERT PÊCHE MELBA	225
88.	YOGOURT GLACÉ À LA CANNELLE ET AUX NOIX	227
89.	FUDGE CINQ MINUTES	229
90.	CROÛTE AUX AMANDES ET À L'AVOINE	231
91.	DESSERT FANTAISIE AUX POMMES	233
92.	GLACE À L'AVOCAT	235
93.	TARTE À LA CRÈME DE BANANE	237
94.	FOU DE BAIES	239

95.	Tiramisu aux baies	241
96.	Caramels Rhum Beurre	244
97.	Zeste de citron confit	247
98.	Panna cotta cardamome-noix de coco	249
99.	Crème brûlée à la chicorée	252
100.	Fondue au chocolat à la menthe	254

CONCLUSION 256

INTRODUCTION

Le dessert est un plat qui conclut un repas. Le cours se compose d'aliments sucrés, tels que des confiseries, et éventuellement d'une boisson telle que du vin de dessert et de la liqueur. Dans certaines parties du monde, comme une grande partie de l'Afrique centrale et de l'Afrique de l'Ouest, et la plupart des régions de Chine, il n'y a pas de tradition d'un plat de desserts pour conclure un repas.

Le terme dessert peut s'appliquer à de nombreuses confections, telles que les biscuits, les gâteaux, les biscuits, les crèmes anglaises, les gélatines, les glaces, les pâtisseries, les tartes, les puddings, les macarons, les soupes sucrées, les tartes et la salade de fruits. Les fruits sont également couramment présents dans les desserts en raison de leur douceur naturelle. Certaines cultures adoucissent les aliments qui sont plus généralement salés pour créer des desserts.

1. Tarte italienne aux artichauts

Portions : 8 portions

Ingrédient

- 3 oeufs; Battu
- 1 paquet de 3 oz de fromage à la crème avec ciboulette ; Adouci
- ¾ cuillère à café d'ail en poudre
- ¼ cuillère à café de poivre
- 1½ tasse de fromage mozzarella, lait partiellement écrémé; Déchiqueté
- 1 tasse de fromage ricotta
- ½ tasse de mayonnaise
- 1 boîte de 14 oz de cœurs d'artichaut ; Drainé
- ½ 15 Oz Can Garbanzo Haricots, en conserve; Rincé et égoutté
- 1 2 1/4 oz d'olives tranchées; Drainé
- 1 piment en pot de 2 oz ; Coupé et égoutté
- 2 cuillères à soupe de persil; Coupé
- 1 croûte à tarte (9 pouces); Non cuit
- 2 petites tomates ; Tranché

les directions:

a) Mélanger les œufs, le fromage à la crème, la poudre d'ail et le poivre dans un grand bassin à mélanger. Mélanger 1 tasse de fromage mozzarella, de fromage ricotta et de mayonnaise dans un bol à mélanger.

b) Remuer jusqu'à ce que tout soit bien mélangé.

c) Couper 2 cœurs d'artichauts en deux et réserver. Hachez le reste des cœurs.

d) Mélanger le mélange de fromage avec les cœurs hachés, les pois chiches, les olives, les piments et le persil. Remplir le fond de tarte avec le mélange.

e) Cuire au four pendant 30 minutes à 350 degrés. Le reste de fromage mozzarella et de parmesan doit être saupoudré sur le dessus.

f) Cuire au four encore 15 minutes ou jusqu'à ce que le tout soit pris.

g) Laisser reposer 10 minutes.

h) Sur le dessus, disposer les tranches de tomates et les quartiers d'artichauts.

i) Servir

2. Tarte aux spaghettis aux boulettes de viande

Portions : 4-6

Ingrédients:

- 1 - 26 oz. sachet de boulettes de boeuf
- 1/4 tasse de poivron vert haché
- 1/2 tasse d'oignon haché
- 1 - 8 oz. paquet de spaghettis
- 2 oeufs, légèrement battus
- 1/2 tasse de parmesan râpé
- 1-1/4 tasses de fromage mozzarella râpé
- 26 onces. pot de sauce à spaghetti épaisse

Les directions:

a) Préchauffer le four à 375°F. Faire sauter les poivrons et les oignons jusqu'à ce qu'ils soient ramollis, environ 10 minutes. Mettre de côté.

b) Cuire les spaghettis, égoutter et rincer à l'eau froide et éponger. Placer dans un grand bol à mélanger.

c) Ajouter les œufs et le parmesan et remuer pour combiner. Presser le mélange au fond d'une assiette à tarte vaporisée de 9 po. Garnir de 3/4 tasse de fromage mozzarella râpé.

Décongeler les boulettes de viande congelées au micro-ondes pendant 2 minutes.

d) Couper chaque boulette de viande en deux. Étalez les moitiés de boulettes de viande sur le mélange de fromage. Mélanger la sauce à spaghetti avec les poivrons et les oignons cuits.

e) Verser sur la couche de boulettes de viande. Couvrir lâchement de papier d'aluminium et cuire au four pendant 20 minutes.

f) Retirer du four et saupoudrer 1/2 tasse de fromage mozzarella sur le mélange de sauce à spaghetti.

g) Poursuivre la cuisson à découvert pendant encore 10 minutes jusqu'à ce que le tout bouillonne. Couper en pointes et servir.

3. Panna cotta au chocolat

5 parts

Ingrédients:

- 500 ml de crème épaisse
- 10 g de gélatine
- 70 g de chocolat noir
- 2 cuillères à soupe de yaourt
- 3 cuillères à soupe de sucre
- une pincée de sel

les directions:

a) Dans une noisette de crème, faire tremper la gélatine.

b) Dans une petite casserole, versez le reste de la crème. Porter à ébullition le sucre et le yaourt en remuant de temps en temps, mais ne pas faire bouillir. Retirez la casserole du feu.

c) Incorporer le chocolat et la gélatine jusqu'à ce qu'ils soient complètement dissous.

d) Remplir les moules avec la pâte et réfrigérer pendant 2-3 heures.

e) Pour démouler la panna cotta, passez-la quelques secondes sous l'eau chaude avant de démouler l'entremets.

f) Décorez à votre goût et servez !

4. Galette au fromage avec salami

5 parts

Ingrédients:

- 130 g de beurre
- 300 g de farine
- 1 cuillère à café de sel
- 1 oeuf
- 80 ml de lait
- 1/2 cuillère à café de vinaigre
- Remplissage:
- 1 tomate
- 1 poivron
- courgette
- salami
- mozzarella
- 1 cuillère à soupe d'huile d'olive
- herbes (comme le thym, le basilic, les épinards)

les directions:

a) Coupez le beurre en cubes.

b) Dans un bol ou une casserole, mélanger l'huile, la farine et le sel et hacher avec un couteau.

c) Mélangez un œuf, un peu de vinaigre et un peu de lait.

d) Commencez à pétrir la pâte. Réfrigérer pendant une demi-heure après l'avoir roulé en boule et l'avoir emballé dans du film plastique.

e) Coupez tous les ingrédients de la garniture.

f) Déposer la garniture au centre d'un grand cercle de pâte étalée sur du papier sulfurisé (sauf Mozzarella).

g) Arroser d'huile d'olive et assaisonner de sel et de poivre.

h) Ensuite, soulevez délicatement les bords de la pâte, enroulez-les autour des sections qui se chevauchent et appuyez légèrement dessus.

i) Préchauffer le four à 200°C et cuire 35 minutes. Ajouter la mozzarella dix minutes avant la fin de la cuisson et poursuivre la cuisson.

j) Sers immédiatement!

5. Panna cotta

Portions : 6

Ingrédients:

- ⅓ tasse de lait
- 1 sachet de gélatine sans saveur
- 2 ½ tasses de crème épaisse
- ¼ tasse) de sucre
- ¾ tasse de fraises tranchées
- 3 cuillères à soupe de cassonade
- 3 cuillères à soupe de cognac

les directions:

a) Mélanger le lait et la gélatine jusqu'à ce que la gélatine soit complètement dissoute. Retirer de l'équation.

b) Dans une petite casserole, porter à ébullition la crème épaisse et le sucre.

c) Incorporer le mélange de gélatine dans la crème épaisse et fouetter pendant 1 minute.

d) Répartir le mélange dans 5 ramequins.

e) Placer une pellicule de plastique sur les ramequins. Après cela, réfrigérez pendant 6 heures.

f) Dans un bol à mélanger, combiner les fraises, la cassonade et le brandy; mettre au frais au moins 1 heure.

g) Déposer les fraises sur la panna cotta.

6. Flan au caramel

Portions : 4

Ingrédients:

- 1 cuillères à soupe d'extrait de vanille
- 4 œufs
- 2 boîtes de lait (1 évaporé et 1 concentré sucré)
- 2 tasses de crème fouettée
- 8 cuillères à soupe de sucre

les directions:

a) Préchauffer le four à 350 degrés Fahrenheit.

b) Dans une poêle antiadhésive, faire fondre le sucre à feu moyen jusqu'à ce qu'il soit doré.

c) Verser le sucre liquéfié dans un plat allant au four pendant qu'il est encore chaud.

d) Dans un plat à gratin, casser et battre les œufs. Mélanger le lait concentré, l'extrait de vanille, la crème et le lait sucré dans un bol à mélanger. Faire un mélange minutieux.

e) Verser la pâte dans le moule enrobé de sucre fondu. Placez la casserole dans une casserole plus grande avec 1 pouce d'eau bouillante.

f) Cuire au four pendant 60 minutes.

7. Crème Catalane

Portions : 3

Ingrédients:

- 4 jaunes d'œufs
- 1 cannelle (bâton)
- 1 citron (zeste)
- 2 cuillères à soupe de fécule de maïs
- 1 tasse de sucre
- 2 tasses de lait
- 3 tasses de fruits frais (baies ou figues)

les directions:

a) Dans une casserole, fouetter ensemble les jaunes d'œufs et une grande partie du sucre. Mélanger jusqu'à ce que le mélange soit mousseux et lisse.

b) Ajouter le bâton de cannelle avec le zeste de citron. Faire un mélange minutieux.

c) Mélanger la fécule de maïs et le lait. A feu doux, remuer jusqu'à ce que le mélange épaississe.

d) Sortez la marmite du four. Laisser refroidir quelques minutes.

e) Mettre le mélange dans des ramequins et réserver.

f) Réserver au moins 3 heures au réfrigérateur.

g) Au moment de servir, versez le reste du sucre sur les ramequins.

h) Placer les ramequins sur la clayette inférieure de la chaudière. Laisser fondre le sucre jusqu'à ce qu'il prenne une couleur brun doré.

i) En garniture, servir avec des fruits.

8. Crème espagnole orange-citron

Portions : 1 Portions

Ingrédient
- 4½ cuillère à café de gélatine ordinaire
- ½ tasse de jus d'orange
- ¼ tasse de jus de citron
- 2 tasses de lait
- 3 oeufs, séparés
- ⅔ tasse de sucre
- Pincée de sel
- 1 cuillère à soupe de zeste d'orange râpé

les directions:

a) Mélanger la gélatine, le jus d'orange et le jus de citron et laisser reposer 5 minutes.

b) Ébouillanter le lait et incorporer les jaunes, le sucre, le sel et le zeste d'orange.

c) Cuire au bain-marie jusqu'à ce qu'il nappe le dos d'une cuillère.

d) Après cela, ajoutez le mélange de gélatine. Frais.

e) Ajouter les blancs d'œufs battus en neige ferme dans le mélange.

f) Réfrigérer jusqu'à ce qu'il soit pris.

9. Melon ivre

Portions : 4 à 6 portions

Ingrédient

- Pour le plat Une sélection de 3 à 6 fromages espagnols différents
- 1 bouteille de porto
- 1 melon, le dessus enlevé et épépiné

les directions:

a) Un à trois jours avant le souper, versez le porto dans le melon.

b) Refroidir au réfrigérateur, recouvert d'une pellicule plastique et avec le dessus remis en place.

c) Sortez le melon du réfrigérateur et retirez le film et le dessus au moment de servir.

d) Retirez le porto du melon et placez-le dans un bol.

e) Couper le melon en morceaux après avoir retiré la peau. Placer les morceaux dans quatre plats réfrigérés séparés.

f) Servir en accompagnement avec les fromages.

10. Sorbet aux amandes

Portions : 1 portions

Ingrédient

- 1 tasse d'amandes blanchies; grillé
- 2 tasses d'eau de source
- ¾ tasse de sucre
- 1 pincée Cannelle
- 6 cuillères à soupe de sirop de maïs léger
- 2 cuillères à soupe d'Amaretto
- 1 cuillère à café de zeste de citron

les directions:

a) Au robot culinaire, réduire les amandes en poudre. Dans une grande casserole, mélanger l'eau, le sucre, le sirop de maïs, la liqueur, le zeste et la cannelle, puis ajouter les noix moulues.

b) À feu moyen, remuer constamment jusqu'à ce que le sucre se dissolve et que le mélange bout. 2 minutes à ébullition

c) Laisser refroidir A l'aide d'une sorbetière, baratter le mélange jusqu'à ce qu'il soit semi-congelé.

d) Si vous n'avez pas de sorbetière, transférez le mélange dans un bol en acier inoxydable et congelez jusqu'à ce qu'il soit dur, en remuant toutes les 2 heures.

11. Tarte espagnole aux pommes

Portions : 8 portions

Ingrédient

- ¼ livres de beurre
- ½ tasse) de sucre
- 1 jaune d'oeuf
- 1½ tasse de farine tamisée
- 1 trait de sel
- ⅛ cuillère à café de levure chimique
- 1 tasse de lait
- ½ zeste de citron
- 3 jaunes d'œufs
- ¼ tasse) de sucre
- ¼ tasse de farine
- 1½ cuillère à soupe de beurre
- ¼ tasse) de sucre
- 1 cuillère à soupe de jus de citron
- ½ cuillère à café de cannelle
- 4 pommes, pelées et tranchées
- Pomme; abricot ou gelée au choix

les directions:

a) Préchauffer le four à 350°F. Mélanger le sucre et le beurre dans un bol à mélanger. Mélanger les ingrédients restants jusqu'à ce qu'une boule se forme.

b) Étalez la pâte dans un moule à manqué ou un moule à tarte. Conserver au réfrigérateur jusqu'à utilisation.

c) Mélanger le jus de citron, la cannelle et le sucre dans un bol à mélanger. Mélanger avec les pommes et bien enrober. C'est quelque chose qui peut être fait à l'avance.

d) Ajouter le zeste de citron au lait. Porter le lait à ébullition, puis réduire à feu doux pendant 10 minutes. Pendant ce temps, dans une casserole à fond épais, fouetter ensemble les jaunes d'œufs et le sucre.

e) Lorsque le lait est prêt, versez-le lentement dans le mélange de jaunes en fouettant constamment à feu doux. Incorporer la farine petit à petit en fouettant à feu doux.

f) Continuer à fouetter le mélange jusqu'à ce qu'il soit lisse et épais. Retirez la casserole du feu. Incorporer lentement le beurre jusqu'à ce qu'il soit fondu.

g) Remplir la croûte avec la crème pâtissière. Pour faire une couche simple ou double, placez les pommes sur le dessus. Placez la tourte dans un four à 350 ° F pendant environ 1 heure après la fin.

h) Retirer et laisser refroidir. Lorsque les pommes sont suffisamment froides pour être manipulées, réchauffez la gelée de votre choix et arrosez-en le dessus.

i) Réserver la gelée au frais. Servir.

12.   Crème de caramel

Portions : 1 Portions

Ingrédient

- ½ tasse de sucre granulé
- 1 cuillère à café d'eau
- 4 jaunes d'œufs ou 3 œufs entiers
- 2 tasses de lait, ébouillanté
- ½ cuillère à café d'extrait de vanille

les directions:

a) Dans une grande poêle, mélanger 6 cuillères à soupe de sucre et 1 tasse d'eau. Chauffer à feu doux, en secouant ou en remuant de temps en temps avec une cuillère en bois, jusqu'à ce que le sucre devienne doré.

b) Verser le sirop de caramel dans un plat allant au four dès que possible. Laisser refroidir jusqu'à ce qu'il soit dur.

c) Préchauffer le four à 325 degrés Fahrenheit.

d) Battez les jaunes d'œufs ou les œufs entiers ensemble. Incorporer le lait, l'extrait de vanille et le reste du sucre jusqu'à ce qu'ils soient complètement mélangés. Verser dessus le caramel refroidi.

e) Placez le plat de cuisson dans un bain d'eau chaude. Cuire au four de 1 à 112 heures ou jusqu'à ce que le centre soit pris. Frais, frais, frais.

f) Pour servir, renverser sur une assiette de service avec précaution.

13. Gâteau au fromage espagnol

Portions : 10 portions

Ingrédient

- 1 livre de fromage à la crème
- 1½ tasse de sucre ; Granulé
- 2 oeufs
- ½ cuillère à café de cannelle ; Sol
- 1 cuillère à café de zeste de citron ; Râpé
- ¼ tasse de farine non blanchie
- ½ cuillère à café de sel
- 1 x Sucre de Confiserie
- 3 cuillères à soupe de beurre

les directions:

a) Préchauffer le four à 400 degrés Fahrenheit. Crémer ensemble le fromage, 1 cuillère à soupe de beurre et le sucre dans un grand bassin à mélanger. Ne pas battre.

b) Ajouter les œufs un à un en battant vigoureusement après chaque ajout.

c) Mélanger la cannelle, le zeste de citron, la farine et le sel. Beurrer le moule avec les 2 cuillères à soupe de beurre restantes en l'étalant uniformément avec les doigts.

d) Verser la pâte dans le moule préparé et cuire à 400 degrés pendant 12 minutes, puis diminuer à 350 degrés et cuire encore 25 à 30 minutes. Le couteau doit être exempt de tout résidu.

e) Une fois le gâteau refroidi à température ambiante, saupoudrez-le de sucre glace.

14.   Crème anglaise frite espagnole

Portions : 8 portions

Ingrédient

- 1 bâton de cannelle
- Zeste de 1 citron
- 3 tasses de lait
- 1 tasse de sucre
- 2 cuillères à soupe de fécule de maïs
- 2 cuillères à café de cannelle
- Farine; pour le dragage
- Lavage d'œufs
- Huile d'olive; pour la friture

les directions:

a) Mélanger le bâton de cannelle, le zeste de citron, 34 tasses de sucre et 212 tasses de lait dans une casserole à feu moyen.

b) Porter à faible ébullition, puis réduire à feu doux et cuire 30 minutes. Retirer le zeste de citron et le bâton de cannelle. Mélanger le reste du lait et de la fécule de maïs dans un petit bol à mélanger.

c) Bien fouetter. Dans un flux lent et régulier, incorporer le mélange de fécule de maïs dans le lait chauffé. Porter à ébullition, puis réduire à feu doux et cuire 8 minutes en fouettant fréquemment. Retirer du feu et verser dans un plat allant au four de 8 pouces préalablement beurré.

d) Laisser refroidir complètement. Couvrir et réfrigérer jusqu'à complet refroidissement. Faire des triangles de 2 pouces avec la crème pâtissière.

e) Mélanger les 14 tasses de sucre restantes et la cannelle dans un bol à mélanger. Bien mélanger. Draguez les triangles dans la farine jusqu'à ce qu'ils soient totalement recouverts.

f) Tremper chaque triangle dans la dorure à l'œuf et égoutter l'excédent. Remettre les flans dans la farine et les enrober complètement.

g) Faire chauffer l'huile dans une grande sauteuse à feu moyen. Placer les triangles dans l'huile chaude et faire frire pendant 3 minutes, ou jusqu'à ce qu'ils soient dorés des deux côtés.

h) Retirer le poulet de la poêle et égoutter sur du papier absorbant. Mélanger avec le mélange de sucre à la cannelle et assaisonner de sel et de poivre.

i) Continuez avec le reste des triangles de la même manière.

15. Pêches italiennes au four

Portions : 1 Portions

Ingrédient

- 6 pêches mûres
- ⅓ tasse de sucre
- 1 tasse Amandes moulues
- 1 jaune d'oeuf
- ½ cuillère à café d'extrait d'amande
- 4 cuillères à soupe de beurre
- ¼ tasse d'amandes tranchées
- Crème épaisse, facultatif

les directions:

a) Préchauffer le four à 350 degrés Fahrenheit. Les pêches doivent être rincées, coupées en deux et dénoyautées. Au robot culinaire, réduire en purée 2 des moitiés de pêches.

b) Dans un plat à mélanger, mélanger la purée, le sucre, la poudre d'amandes, le jaune d'œuf et l'extrait d'amande. Pour faire une pâte lisse, mélanger tous les ingrédients dans un bol à mélanger.

c) Versez la garniture sur chaque moitié de pêche et placez les moitiés de pêches farcies dans une plaque à pâtisserie beurrée.

d) Saupoudrez d'amandes effilées et badigeonnez les pêches du beurre restant avant d'enfourner pendant 45 minutes.

e) Servir chaud ou froid, accompagné de crème ou de glace.

16. Gâteau italien épicé aux pruneaux et aux pruneaux

Portions : 12 portions

Ingrédient

- 2 tasses Italien dénoyauté et coupé en quatre
- pruneaux, cuits jusqu'à
- Doux et refroidi
- 1 tasse de beurre non salé, ramolli
- 1¾ tasse de sucre cristallisé
- 4 œufs
- 3 tasses de farine tamisée
- ¼ tasse de beurre non salé
- ½ livre de sucre en poudre
- 1½ cuillère à soupe de cacao non sucré
- Pincée de sel
- 1 cuillère à café de cannelle
- ½ cuillère à café de clous de girofle moulus
- ½ cuillère à café de muscade moulue
- 2 cuillères à café de bicarbonate de soude
- ½ tasse de lait
- 1 tasse de noix, hachées finement
- 2 à 3 cuillères à soupe fortes, chaudes

- Café
- ¾ cuillère à café de vanille

les directions:

a) Préchauffer le four à 350°F. Beurrer et fariner un moule Bundt de 10 pouces.

b) Dans un grand saladier, crémer le beurre et le sucre jusqu'à consistance légère et mousseuse.

c) Battre les œufs un à un.

d) Mélanger la farine, les épices et le bicarbonate de soude dans un tamis. Ajouter par tiers le mélange de farine au mélange de beurre en alternant avec le lait. Ne battez que pour combiner les ingrédients.

e) Ajouter les pruneaux cuits et les noix et remuer pour combiner. Verser dans le moule préparé et cuire au four pendant 1 heure dans un four à 350 °F, ou jusqu'à ce que le gâteau commence à rétrécir des parois du moule.

f) Pour faire le glaçage, crémez ensemble le beurre et le sucre glace. Ajouter progressivement le sucre et la poudre de cacao en remuant constamment jusqu'à ce qu'ils soient complètement mélangés. Assaisonnez avec du sel.

g) Incorporer une petite quantité de café à la fois.

h) Battre jusqu'à consistance légère et mousseuse, puis ajouter la vanille et décorer le gâteau.

17. Bonbons espagnols aux noix

Portions : 1 Portions

Ingrédient

- 1 tasse de lait
- 3 tasses de sucre roux clair
- 1 cuillère à soupe de beurre
- 1 cuillère à café d'extrait de vanille
- 1 livre de viande de noix; haché

les directions:

a) Faire bouillir le lait avec la cassonade jusqu'à ce qu'il caramélise, puis ajouter le beurre et l'essence de vanille juste avant de servir.

b) Juste avant de retirer les bonbons du feu, ajoutez les noix.

c) Dans un grand bol à mélanger, bien mélanger les noix et verser le mélange dans des moules à muffins préparés.

d) Couper immédiatement en carrés avec un couteau bien aiguisé.

18. Pudding au miel

Portions : 6 portions

Ingrédient

- ¼ tasse de beurre non salé
- 1½ tasse de lait
- 2 gros œufs ; légèrement battu
- 6 tranches de pain de campagne blanc; déchiré
- ½ tasse clair; miel fin, plus
- 1 cuillère à soupe claire; mince miel
- ½ tasse d'eau chaude; plus
- 1 cuillère à soupe d'eau chaude
- ¼ cuillère à café de cannelle moulue
- ¼ cuillère à café de vanille

les directions:

a) Préchauffez le four à 350 degrés et utilisez un peu de beurre pour beurrer un plat à tarte en verre de 9 pouces. Fouettez ensemble le lait et les œufs, puis ajoutez les morceaux de pain et tournez-les pour les enrober uniformément.

b) Laisser tremper le pain 15 à 20 minutes en le retournant 1 à 2 fois. Dans une grande poêle antiadhésive, chauffer le reste du beurre à feu moyen.

c) Faire frire le pain trempé dans le beurre jusqu'à ce qu'il soit doré, environ 2 à 3 minutes de chaque côté. Transférer le pain dans le plat allant au four.

d) Dans un bol, mélanger le miel et l'eau chaude et remuer jusqu'à ce que le mélange soit homogène.

e) Incorporer la cannelle et la vanille et verser le mélange sur et autour du pain.

f) Cuire au four environ 30 minutes, ou jusqu'à ce qu'ils soient dorés.

19.   Tourte espagnole à l'oignon

Portions : 2 portions

Ingrédient

- ½ cuillère à café d'huile d'olive
- 1 litre d'oignons espagnols
- ¼ tasse d'eau
- ¼ tasse de vin rouge
- ¼ cuillère à café de romarin séché
- 250 grammes de pommes de terre
- 3/16 tasse de yaourt nature
- ½ cuillère à soupe de farine ordinaire
- ½ Oeuf
- ¼ tasse de parmesan
- ⅛ tasse de persil italien haché

les directions:

a) Préparez les oignons espagnols en les coupant finement et en râpant les pommes de terre et le parmesan.

b) Dans une casserole à fond épais, faire chauffer l'huile. Cuire, en remuant de temps en temps, jusqu'à ce que les oignons soient tendres.

c) Laisser mijoter pendant 20 minutes ou jusqu'à ce que le liquide se soit évaporé et que les oignons aient pris une couleur brun rougeâtre foncé.

d) Mélanger le romarin, les pommes de terre, la farine, le yaourt, l'œuf et le parmesan dans un bol à mélanger. Faire revenir les oignons.

e) Dans un moule à tarte de 25 cm de diamètre bien beurré, répartir uniformément les ingrédients. Préchauffer le four à 200°C et cuire pendant 35 à 40 minutes, ou jusqu'à ce qu'ils soient dorés.

f) Garnir de persil avant de couper en quartiers et de servir.

20.   soufflé à la poêle espagnole

Portions : 1

Ingrédient

- 1 boîte de riz brun rapide espagnol
- 4 œufs
- 4 onces de piments verts hachés
- 1 tasse d'eau
- 1 tasse de fromage râpé

les directions:

a) Suivez les instructions d'emballage pour la cuisson du contenu de la boîte.

b) Lorsque le riz est cuit, incorporer le reste des ingrédients, à l'exception du fromage.

c) Garnir de fromage râpé et cuire à 325 °F pendant 30 à 35 minutes.

21.   Semifreddo au miel congelé

Sert : 8 portions

Ingrédients

- 8 onces de crème épaisse
- 1 cuillère à café d'extrait de vanille
- 1/4 cuillère à café d'eau de rose
- 4 gros œufs
- 4 1/2 onces de miel
- 1/4 cuillère à café plus 1/8 cuillère à café de sel casher
- Garnitures telles que des fruits tranchés, des noix grillées, des éclats de cacao ou des copeaux de chocolat

les directions

a) Préchauffer le four à 350°F. Tapisser un moule à pain de 9 x 5 pouces d'une pellicule plastique ou de papier parchemin.

b) Pour le Semifreddo, dans le bol d'un batteur sur socle muni d'un fouet, battre la crème, la vanille et l'eau de rose jusqu'à consistance ferme.

c) Transférer dans un bol ou une assiette séparé, couvrir et réfrigérer jusqu'au moment de l'utiliser.

d) Dans le bol d'un batteur sur socle, fouetter ensemble les œufs, le miel et le sel. Pour mélanger, utilisez une spatule souple pour mélanger le tout. Réglez la chaleur pour maintenir un mijotage lent au-dessus du bain-marie préparé, en vous assurant que le bol ne touche pas l'eau.

e) Dans une bassine en acier inoxydable, cuire en remuant et en grattant régulièrement avec une spatule souple, jusqu'à ce qu'il soit réchauffé à 165°F, environ 10 minutes.

f) Transférer le mélange dans un batteur sur socle équipé d'un fouet une fois qu'il atteint 165 ° F. Fouettez les œufs à feu vif jusqu'à ce qu'ils soient mousseux.

g) Incorporer délicatement la moitié de la crème fouettée préparée à la main. Ajouter le reste des ingrédients, fouetter rapidement, puis incorporer à l'aide d'une spatule souple jusqu'à ce que le tout soit bien mélangé.

h) Gratter dans le moule à pain préparé, couvrir hermétiquement et congeler pendant 8 heures ou jusqu'à ce qu'il soit suffisamment solide pour être tranché, ou jusqu'à ce que la température interne atteigne 0 °F.

i) Retourner le semifreddo sur un plat refroidi pour servir.

22. Sorbet avocat citron vert infusé à la coriandre

Donne 4
Durée totale : 18 minutes

Ingrédients

- 2 avocats (noyau et peau retirés)
- 1/4 tasse d'érythritol, en poudre
- 2 citrons verts moyens, pressés et zestés
- 1 tasse de lait de coco
- 1/4 cuillères à café de Stevia liquide
- 1/4 - 1/2 tasse de coriandre, hachée

les directions

a) Porter à ébullition le lait de coco dans une casserole. Ajouter le zeste de citron vert.

b) Laisser refroidir le mélange puis congeler.

c) Dans un robot culinaire, mélanger l'avocat, la coriandre et le jus de citron vert. Pulser jusqu'à ce que le mélange ait une texture épaisse.

d) Verser le mélange de lait de coco et de stévia liquide sur les avocats. Mélangez le mélange jusqu'à ce qu'il atteigne la consistance appropriée. Il faut environ 2-3 minutes pour faire cette tâche.

e) Remettre au congélateur pour décongeler ou servir tout de suite !

23. Cheesecake à la citrouille

Donne 1

Durée totale : 20 minutes

Ingrédients

La croûte
- 3/4 tasse de farine d'amande
- 1/2 tasse de farine de graines de lin
- 1/4 tasse de beurre
- 1 cuillères à café d'épices pour tarte à la citrouille
- 25 gouttes de Stevia liquide

Le remplissage

g) 6 onces. Fromage à la crème végétalien
h) 1/3 tasse de purée de citrouille
i) 2 cuillères à soupe de crème sure
j) 1/4 tasse de crème épaisse végétalienne
k) 3 cuillères à soupe de beurre
l) 1/4 cuillères à café d'épices pour tarte à la citrouille
m) 25 gouttes de Stevia liquide

les directions

a) Mélanger tous les ingrédients secs de la croûte et bien mélanger.

b) Écrasez les ingrédients secs avec le beurre et la stévia liquide jusqu'à ce qu'une pâte se forme.

c) Pour vos mini moules à tartelettes, roulez la pâte en petites sphères.

d) Appuyez la pâte contre le côté du moule à tarte jusqu'à ce qu'elle atteigne et remonte les côtés.

e) Mélanger tous les ingrédients de la garniture dans un bol à mélanger.

f) Mixer les ingrédients de la garniture à l'aide d'un mixeur plongeant.

g) Une fois que les ingrédients de la garniture sont lisses, répartissez-les dans la croûte et réfrigérez.

h) Retirer du réfrigérateur, trancher et garnir de crème fouettée si désiré.

24. Glace moka

Donne 2
Durée totale : 10 minutes

Ingrédients

- 1 tasse de lait de coco
- 1/4 tasse de crème épaisse végétalienne
- 2 cuillères à soupe d'érythritol
- 20 gouttes de Stevia liquide
- 2 cuillères à soupe de cacao en poudre
- 1 cuillères à soupe de café instantané
- menthe

les directions

a) Mélanger tous les ingrédients puis transférer dans votre sorbetière et turbiner selon les instructions du fabricant pendant 15 à 20 minutes.

b) Lorsque la glace est légèrement congelée, servez immédiatement avec une feuille de menthe.

25. Beignets aux cerises et au chocolat

Donne 12

Ingrédients

Ingrédients secs

- 3/4 tasse de farine d'amande
- 1/4 tasse de farine de graines de lin dorées
- 1 cuillères à café de levure chimique
- Pincée de sel
- 10 g de barres de chocolat noir, coupées en morceaux

Ingrédients humides

- 2 gros œufs
- 1 cuillères à café d'extrait de vanille
- 2 1/2 cuillères à soupe d'huile de noix de coco
- 3 cuillères à soupe de lait de coco

les directions

a) Dans un grand bol à mélanger, combiner les ingrédients secs (sauf le chocolat noir).

b) Incorporer les ingrédients humides puis incorporer les morceaux de chocolat noir.

c) Branchez votre beignet et huilez-le si nécessaire.

d) Verser la pâte dans la machine à beignets, fermer et cuire environ 4-5 minutes.

e) Réduire le feu à doux et cuire encore 2-3 minutes.

f) Répétez l'opération pour le reste de la pâte, puis servez.

26.   Pudding aux mûres

Donne 1

Ingrédients

- 1/4 tasse de farine de noix de coco
- 1/4 cuillères à café de levure chimique
- 2 cuillères à soupe d'huile de noix de coco
- 2 cuillères à soupe de beurre végétalien
- 2 cuillères à soupe de crème épaisse végétalienne
- 2 cuillères à café de jus de citron
- Zeste 1 Citron
- 1/4 tasse de mûres
- 2 cuillères à soupe d'érythritol
- 20 gouttes de Stevia liquide

les directions

a) Préchauffer le four à 350 degrés Fahrenheit.

b) Tamiser les ingrédients secs sur les composants humides et mélanger à basse vitesse jusqu'à ce qu'ils soient bien mélangés.

c) Répartir la pâte entre deux ramequins.

d) Poussez les mûres dans le haut de la pâte pour les répartir également dans la pâte.

e) Cuire au four pendant 20-25 minutes.

f) Servir avec une cuillerée de crème fouettée épaisse sur le dessus!

27.   Tarte à la citrouille au sirop d'érable

Donne 8 portions

Ingrédients

- 1 pâte à tarte végétalienne
- 1 boîte de 16 onces de citrouille solide
- 1 paquet (12 onces) de tofu soyeux extra-ferme, égoutté et épongé
- 1 tasse de sucre
- 2 cuillères à café de cannelle moulue
- 1/2 cuillère à café de piment de la Jamaïque moulu
- 1/2 cuillère à café de gingembre moulu
- 1/2 cuillère à café de muscade moulue

les directions

a) Mélanger la citrouille et le tofu dans un robot culinaire jusqu'à consistance lisse. Ajouter le sucre, le sirop d'érable, la cannelle, le piment de la Jamaïque, le gingembre et la muscade jusqu'à consistance lisse.

b) Préchauffer le four à 400 degrés Fahrenheit.

c) Remplissez la croûte avec la garniture. Cuire 15 minutes à 350°F.

28. Tarte Cottage Rustique

Donne 4 à 6 portions

Ingrédients

- Pommes de terre Yukon Gold, pelées et coupées en dés
- 2 cuillères à soupe de margarine végétalienne
- 1/4 tasse de lait de soja nature non sucré
- Sel et poivre noir fraîchement moulu
- 1 cuillère à soupe d'huile d'olive
- 1 oignon jaune moyen, haché finement
- 1 carotte moyenne, hachée finement
- 1 côte de céleri, finement hachée
- 12 onces de seitan, haché finement
- 1 tasse de petits pois surgelés
- 1 tasse de grains de maïs surgelés
- 1 cuillère à café de sarriette séchée
- 1/2 cuillère à café de thym séché

les directions

a) Dans une casserole d'eau bouillante salée, cuire les pommes de terre jusqu'à ce qu'elles soient tendres, 15 à 20 minutes.

b) Bien égoutter et remettre dans la marmite. Ajouter la margarine, le lait de soja, saler et poivrer au goût.

c) Écraser grossièrement à l'aide d'un pilon à pommes de terre et réserver. Préchauffer le four à 350°F.

d) Dans une grande poêle, chauffer l'huile à feu moyen. Ajouter l'oignon, la carotte et le céleri.

e) Couvrir et cuire jusqu'à tendreté, environ 10 minutes. Transférer les légumes dans un plat allant au four de 9 x 13 pouces. Incorporer le seitan, la sauce aux champignons, les pois, le maïs, la sarriette et le thym.

f) Salez et poivrez au goût et étalez le mélange uniformément dans le moule.

g) Garnir de purée de pommes de terre en étalant sur les bords du moule. Cuire au four jusqu'à ce que les pommes de terre soient dorées et que la garniture bouillonne, environ 45 minutes.

h) Sers immédiatement.

29. Fondue au chocolat amaretto

Donne 4 portions

Ingrédients

- 3 onces de chocolat à cuire non sucré
- 1 tasse de crème épaisse
- 24 sachets d'édulcorant à l'aspartame
- 1 cuillère à soupe de sucre
- 1 cuillère à café d'amaretto
- 1 cuillère à café d'extrait de vanille
- Baies, ½ tasse par portion

les directions

a) Cassez le chocolat en petits morceaux et placez-le dans un verre mesureur de 2 tasses avec la crème.

b) Chauffer au micro-ondes à puissance élevée jusqu'à ce que le chocolat soit fondu, environ 2 minutes. Fouetter jusqu'à ce que le mélange soit brillant.

c) Ajouter l'édulcorant, le sucre, l'amaretto et la vanille en fouettant jusqu'à ce que le mélange soit lisse.

d) Transférer le mélange dans un caquelon à fondue ou un bol de service. Servir avec des baies pour tremper.

30. Flans au coulis de framboise

Donne 2 à 4 portions

Ingrédients

- 1 tasse de lait
- 1 tasse moitié-moitié
- 2 gros oeufs
- 2 gros jaunes d'œufs
- 6 sachets d'édulcorant à l'aspartame
- $\frac{1}{4}$ cuillère à café de sel casher
- 1 cuillère à café d'extrait de vanille
- 1 tasse de framboises fraîches

les directions

a) Placer une rôtissoire remplie de 1 pouce d'eau sur une grille dans le tiers inférieur du four.

b) Beurrer six ramequins de $\frac{1}{2}$ pouce. Chauffer le lait et moitié-moitié au micro-ondes à puissance élevée (100% de puissance) pendant 2 minutes ou sur la cuisinière dans une casserole moyenne jusqu'à ce qu'il soit chaud.

c) Pendant ce temps, battre les œufs et les jaunes d'œufs dans un bol moyen jusqu'à consistance mousseuse.

d) Incorporer progressivement le mélange de lait chaud aux œufs. Incorporer l'édulcorant, le sel et la vanille. Verser le mélange dans les ramequins préparés.

e) Placer dans les casseroles remplies d'eau et cuire jusqu'à ce que les crèmes soient prises, environ 30 minutes.

f) Retirer les plats de la rôtissoire et laisser refroidir à température ambiante sur une grille, puis réfrigérer jusqu'à refroidissement, environ 2 heures.

g) Pour faire le coulis, réduisez simplement les framboises en purée au robot culinaire. Ajouter un édulcorant au goût.

h) Pour servir, passez une cuillère autour du bord de chaque crème anglaise et retournez-la sur une assiette à dessert.

i) Verser le coulis sur le dessus de la crème anglaise et terminer avec quelques framboises fraîches et un brin de menthe, si désiré.

31.   Boulettes de fruits au bourbon

Donne 2 portions

Ingrédients

- ½ tasse de boules de melon
- ½ tasse de fraises coupées en deux
- 1 cuillère à soupe de bourbon
- 1 cuillère à soupe de sucre
- ½ sachet d'édulcorant à l'aspartame
- Brins de menthe fraîche pour la décoration

les directions

a) Mélanger les boules de melon et les fraises dans un plat en verre.

b) Mélanger avec le bourbon, le sucre et l'aspartame.

c) Couvrir et réfrigérer jusqu'au moment de servir. Répartir les fruits dans des coupes à dessert et décorer de feuilles de menthe.

32. Crème glacée à la tarte aux pacanes

Rendement : 5 tasses

Ingrédients:

- 2 tasses de lait entier
- 1 tasse de crème épaisse
- ½ tasse de cassonade claire
- 2 oeufs
- 1 cuillère à café d'extrait de vanille
- 1 tasse de pacanes hachées grossièrement
- ⅔ tasse de sirop d'érable
- 2 cuillères à soupe de beurre non salé fondu
- ¼ cuillère à café de sel casher

Les directions:

a) Dans une grande casserole, mélanger le lait et la crème. Ajouter le sucre et bien mélanger. Chauffer à feu moyen-vif jusqu'à ébouillantage.

b) Dans un petit bol à mélanger, fouetter les œufs jusqu'à ce qu'ils soient bien mélangés. Fouettez quelques cuillères à soupe du mélange de lait chaud dans les œufs, puis versez lentement le mélange d'œufs dans la casserole.

c) Pendant que le mélange refroidit, continuez à remuer pendant encore 5 minutes ou plus. Incorporer l'extrait de vanille.

d) Verser la crème anglaise dans un bol, couvrir et réfrigérer pendant 6 heures ou toute la nuit.

e) Dans une petite poêle à fond épais, faire griller les pacanes à feu moyen-vif. Remuez-les jusqu'à ce qu'ils soient légèrement dorés. Retirez la casserole du feu. Ajouter le sirop d'érable, le beurre et le sel au goût.

f) Remuer pour bien enrober les pacanes. Réfrigérer le mélange.

g) Versez la crème pâtissière refroidie dans votre sorbetière et turbinez pendant 40 à 50 minutes, ou jusqu'à ce que le mélange ait la consistance d'une crème glacée molle.

h) Placez-le dans un plat à mélanger. Incorporer les noix refroidies et le sirop.

i) Congelez la crème glacée dans un ou plusieurs contenants pendant au moins 2 heures ou jusqu'à ce qu'elle soit ferme.

33. Pouding au pain aux pépites de cannelle

Rendement : 10 portions

Ingrédients

Pouding au pain:

- 2 tasses Moitié-moitié
- 2 cuillères à soupe de beurre
- 3 oeufs
- 1/3 tasse de sucre
- 1/4 cuillères à café de muscade moulue
- 1 cuillères à café d'extrait de vanille
- 3 tasses de pain, déchiré en petits morceaux
- Une poignée de pépites de cannelle

Lait vanille :

- 1 tasse de lait
- 1/4 tasse de beurre
- 1/3 tasse de sucre
- 1 cuillères à café de vanille
- 1 cuillères à soupe de farine

- 1/2 cuillères à café de sel

Les directions:

Pouding au pain:

a) Faire mijoter Moitié-Moitié et le beurre dans une casserole à feu moyen-vif.

b) Dans un plat à part, fouetter ensemble les œufs, la muscade et l'extrait de vanille. Incorporer soigneusement le mélange de lait et de beurre chauffé.

c) Déchirez le pain en petits morceaux et placez-le dans un plat à gratin préalablement préparé.

d) Étaler le mélange dessus et garnir de pépites de cannelle.

e) Couvrir de papier d'aluminium et cuire au four pendant 30 minutes à 350 degrés.

f) Retirer le papier d'aluminium et cuire encore 15 minutes.

Lait chaud à la vanille :

g) Faire fondre le beurre et incorporer la farine pour faire une pâte.

h) Ajouter le lait, le sucre, la vanille et le sel et porter à ébullition, en remuant fréquemment, pendant 5 minutes ou jusqu'à ce qu'il épaississe en un sirop.

i) Verser la sauce sur le pouding au pain chaud et servir immédiatement.

34. Pommes au caramel au four

Rendement : 24 pommes

Ingrédients:

- 24 pommes pelées, évidées, coupées en morceaux
- 3 tasses de cassonade
- 3/4 tasse d'eau
- 6 cuillères à soupe de beurre
- 3 cuillères à café de sel
- 6 cuillères à soupe de farine
- beurre supplémentaire pour parsemer
- saupoudrer de cannelle

Les directions:

a) Préchauffer le four à 350 degrés Fahrenheit.

b) Dans une casserole, combiner tous les ingrédients de la sauce et porter à ébullition douce; la sauce va s'épaissir et se transformer en une texture caramel/sauce.

c) Répartir les pommes uniformément entre deux plaques de cuisson de 9 x 13 pouces, puis recouvrir de quantités égales de sauce au caramel.

d) Étendre le beurre sur le dessus et saupoudrer de cannelle dessus.

e) Cuire à couvert pendant 1 heure en remuant au bout de 30 minutes.

35. Remerciez la tarte à la citrouille

Rendement : 8 portions

Ingrédients:

- 1 boîte (30 oz) de mélange pour tarte à la citrouille
- 2/3 tasse de lait évaporé
- 2 gros œufs, battus
- 1 croûte à tarte non cuite de 9 pouces

Les directions:
a) Préchauffer le four à 425 degrés Fahrenheit.

b) Dans un grand bol à mélanger, combiner le mélange pour tarte à la citrouille, le lait évaporé et les œufs.

c) Verser la garniture dans le fond de tarte.

d) Cuire 15 minutes au four.

e) Augmenter la température à 350°F et cuire encore 50 minutes.

f) Secouez-le doucement pour voir s'il est complètement cuit.

g) Laisser refroidir 2 heures sur une grille.

36. Bagatelle à la citrouille faible en gras

Rendement : 18 portions

Ingrédients:

Gâteau:

- 1 boîte de gâteau aux épices, émietté avec les mains
- 1 1/4 tasse d'eau
- 1 oeuf

Garniture au pouding :

- 4 tasses de lait écrémé
- 4 paquets (1 oz chacun) de mélange de pouding au caramel écossais
- 1 boîte (15 oz) de mélange de citrouille
- 1 1/2 cuillères à café d'épices à la citrouille
- 12 onces de garniture fouettée légère

Les directions:

a) Mélanger tous les ingrédients du gâteau dans un moule carré de 8 pouces et cuire au four pendant 35 minutes ou jusqu'à ce que le tout soit pris.

b) Refroidir sur une cuisinière ou une grille.

c) Dans un grand bol à mélanger, mélanger le lait et le mélange à pouding. Laisser épaissir quelques minutes. Bien mélanger la citrouille et les épices.

d) Commencez par superposer un quart du gâteau, puis la moitié du mélange de potiron, puis un quart du gâteau et la moitié de la crème fouettée

e) Répétez les couches

f) Garnir de garniture fouettée et de miettes de gâteau. Réfrigérer jusqu'au moment de servir

37. Gâteau à la citrouille

Rendement : 10 portions

Ingrédients:

- 1 -30 oz. purée de tarte à la citrouille
- 2 oeufs
- 1 boîte de lait évaporé
- 1/2 boîte de mélange à gâteau jaune
- 1 tasse de noix hachées
- 1/2 tasse de beurre

Les directions:

a) Préchauffer le four à 350 degrés Fahrenheit.

b) À l'aide d'un mélangeur, bien mélanger la purée de tarte à la citrouille, les œufs et le lait.

c) Verser les ingrédients dans un moule 11x7 ou 8x8.

d) Incorporer légèrement 1/2 boîte de mélange à gâteau sec sur le dessus.

e) Garnir de noix hachées et de 1/2 tasse de beurre fondu.

f) Cuire environ 40 minutes.

g) Laisser refroidir jusqu'au moment de servir.

h) Ajouter la crème fouettée sur le dessus.

38. Pudding de chia

Rendement : 4 bols à dessert

Ingrédients
- 1 boîte de lait de coco biologique et 1 boîte d'eau, combinées
- 8 cuillères à soupe de graines de chia
- 1/2 cuillère à café d'extrait de vanille bio
- 2 cuillères à soupe de sirop de riz brun

Les directions:

a) Mélanger le lait de coco, l'eau, le sirop de riz brun et les graines de chia dans un bol à mélanger.

b) Mélangez le tout pendant une dizaine de minutes.

c) Réfrigérer 30 minutes avant de servir.

d) Insérez 1 cuillère à café de vanille moulue ou 1/2 cuillère à café d'extrait de vanille biologique dans le mélange.

e) Verser dans des bols à dessert et saupoudrer de poudre de vanille ou de muscade fraîchement moulue.

f) Le laisser reposer toute la nuit lui donne une texture solide.

39.Friandises aux pommes

Rendement : 6 Biscuits

Ingrédients
- 1 tasse d'amandes, tremper toute la nuit
- 1 ½ tasse de pommes croquantes
- ½ tasse de graines de lin – moulues
- 2 grosses dattes dénoyautées et équeutées
- 1 cuillère à soupe de jus de citron
- 1 cuillère à café de sel de mer gris
- ½ tasse de cosse de psyllium

Les directions:

a) Mélanger les amandes, le sel, le jus de citron, les dattes et les pommes dans un robot culinaire. Ajouter les graines de lin et l'enveloppe de psyllium.

b) Prélevez des parties de pâte de la taille d'une balle de golf, roulez-les en boules et disposez-les sur une feuille de déshydrateur avec 1 pouce entre elles.

c) Tapotez les sommets arrondis vers le bas.

d) Déshydrater pendant la nuit dans le déshydrateur ou cuire pendant 1 heure au réglage le plus bas avec la porte légèrement entrouverte.

e) Retirez les collations aux fruits et aux protéines et vérifiez leur fermeté.

40.Mousse à la courge musquée

Rendement : 4 portions

Ingrédients
- 2 tasses de courge musquée, pelée et coupée en cubes
- 1 tasse d'eau
- 1 cuillère à café de jus de citron
- 1 tasse de noix de cajou ou de pignons de pin
- 4 dattes - dénoyautées et équeutées
- ½ cuillère à café de cannelle
- 1 cuillère à café de noix de muscade
- 2 cuillères à café d'extrait de vanille bio

Les directions:

a) Dans un mélangeur, combiner tous les ingrédients et mélanger pendant environ 5 minutes, ou jusqu'à ce que le tout soit bien mélangé.

b) Transférer dans des coupes individuelles ou un grand plat de service.

c) Cela peut être laissé au réfrigérateur pendant la nuit et les saveurs se mélangeront, ce qui le rendra encore plus épicé.

d) Arroser de sirop d'érable avant de servir.

41. Tarte aux patates douces du sud

Rendement : 10 portions

Ingrédients:

- 2 tasses de patates douces pelées et cuites
- ¼ tasse de beurre fondu
- 2 oeufs
- 1 tasse de sucre
- 2 cuillères à soupe de bourbon
- 1/4 cuillère à café de sel
- 1/4 cuillère à café de cannelle moulue
- 1/4 cuillère à café de gingembre moulu
- 1 tasse de lait

Les directions:

a) Préchauffer le four à 350 degrés Fahrenheit.

b) À l'exception du lait, bien mélanger tous les ingrédients dans un batteur électrique.

c) Ajouter le lait et continuer à remuer une fois que tout est bien mélangé.

d) Verser la garniture dans le fond de tarte et cuire au four pendant 35 à 45 minutes, ou jusqu'à ce qu'un couteau inséré près du centre en ressorte propre.

e) Retirer du réfrigérateur et laisser refroidir à température ambiante avant de servir.

42. Brownies aux patates douces et au café

Rendement : 8

Ingrédients:

- 1/3 tasse de café chaud fraîchement infusé
- 1 once de chocolat non sucré, haché
- 1/4 tasse d'huile de colza
- 2/3 tasse de purée de patates douces
- 2 cuillères à café d'extrait de vanille pur

Les directions:

a) Préchauffer le four à 350 degrés Fahrenheit.

b) Dans un petit bol, mélanger le café et 1 once de chocolat et laisser de côté 1 minute.

c) Dans un grand bol, mélanger l'huile, la purée de patates douces, l'extrait de vanille, le sucre, la poudre de cacao et le sel. Mélanger jusqu'à ce que tout soit bien mélangé.

d) Mélanger la farine et la levure chimique dans un bol séparé. Ajouter les pépites de chocolat et bien mélanger.

e) À l'aide d'une spatule, mélanger délicatement les ingrédients secs dans les humides jusqu'à ce que tous les ingrédients soient combinés.

f) Verser la pâte dans le plat de cuisson et cuire au four pendant 30 à 35 minutes, ou jusqu'à ce qu'un cure-dent inséré au centre en ressorte propre.

g) Laisser refroidir complètement.

43. Soufflé au maïs de Thanksgiving

Rendement : 8 à 10 portions

Ingrédients:

- 1 oignon moyen
- 5 livres. maïs sucré congelé
- 6 tasses de Monterey Jack, râpé
- 3 oeufs
- 1 cuillères à café de sel

Les directions:

a) Dans une sauteuse, faire revenir l'oignon dans l'huile d'olive. Mettre de côté.

b) Au robot culinaire, moudre le maïs.

c) Mélanger et incorporer les autres ingrédients, y compris l'oignon sauté.

d) Placer dans un plat allant au four 8x14 préalablement beurré.

e) Cuire au four à 375 °F pendant environ 25 minutes ou jusqu'à ce que le dessus soit doré.

44. Glace aux canneberges

Rendement : 2 portions

Ingrédients:

Purée de canneberge

- 1/4 tasse d'eau
- 1/4 cuillères à café de sel
- 12 onces. Canneberges fraîches, nettoyées et triées
- 2 cuillères à soupe de jus d'orange fraîchement pressé

Glace

- $1\frac{1}{2}$ tasse de crème épaisse
- $1\frac{1}{2}$ tasse de lait entier
- 1 tasse de sucre
- $1\frac{1}{4}$ tasse de purée de canneberges

Les directions:

Purée de canneberges :

a) Chauffer l'eau, le sel et les canneberges pendant 6 à 7 minutes à feu moyen.

b) Retirer du feu et laisser refroidir 10 minutes.

c) Au mélangeur ou au robot culinaire, réduire en purée les canneberges et le jus d'orange.

d) Réfrigérer la purée de canneberges pendant plusieurs heures.

Glace

e) Mélanger la crème, le lait, le sucre et la purée de canneberges dans un bol à mélanger.

f) Dans une sorbetière, baratter les ingrédients selon les instructions du fabricant.

g) Transférer le mélange congelé et crémeux dans un récipient à crème glacée refroidi.

h) Congeler pendant au moins 4 à 6 heures.

i) Décongeler au réfrigérateur pendant 5 à 10 minutes avant de servir.

45. Petites Noix

Rendement : 4 douzaines

Ingrédients:

- 8 onces. fromage à la crème, ramolli
- 1 tasse de beurre non salé, ramolli
- 2 tasses de farine tout usage
- 2 gros oeufs
- 1 1/2 tasse de cassonade tassée
- 2 tasses de noix hachées

Les directions:

a) Préchauffer le four à 350 degrés Fahrenheit.

b) À l'aide d'un batteur électrique, battre le fromage à la crème et le beurre jusqu'à consistance lisse.

c) Tamiser la farine et un peu de sel, puis remuer jusqu'à ce que la pâte se forme. Couper en quatre pâtes et réfrigérer pendant au moins 1 heure, enveloppées dans des pellicules plastiques.

d) Rouler chaque morceau de pâte en 12 boules et presser chaque boule dans le fond et sur les bords d'un moule à mini-muffins pour produire une coquille de pâte. Réfrigérer jusqu'à utilisation.

e) Dans un grand bol, fouetter ensemble les œufs, la cassonade et une pincée de sel jusqu'à consistance lisse, puis incorporer les noix.

f) Mettre 1 cuillère de farce dans chaque fond de tarte

g) Cuire par lots au centre du four pendant 25 à 30 minutes, ou jusqu'à ce que la garniture bouillonne et que la pâte soit légèrement dorée.

h) Transférer sur une grille de refroidissement.

46.   Soufflé aux carottes de Thanksgiving

Rendement : 8 portions

Ingrédients:

- 2 livres. carottes fraîches, pelées et bouillies
- 6 oeufs
- 2/3 tasse de sucre
- 6 cuillères à soupe de farine de matzoh
- 2 cuillères à café de vanille
- 2 bâtonnets de beurre ou de margarine, fondu
- un peu de noix de muscade
- 6 cuillères à soupe de cassonade
- 4 cuillères à soupe de beurre ou de margarine, fondu
- 1 tasse de noix hachées

Les directions:

a) Réduire en purée les carottes et les œufs au robot culinaire.

b) Traiter les cinq ingrédients suivants jusqu'à consistance lisse.

c) Cuire 40 minutes dans un moule 9x13 graissé à 350°F.

d) Ajouter la garniture et cuire encore 5 à 10 minutes.

47. Flan à la citrouille

Rendement : 6-8 portions

Ingrédients:

- ¾ tasse de sucre
- ½ cuillères à café d'extrait d'érable pur
- 2 cuillères à café de zeste d'orange râpé (2 oranges)
- ½ cuillère à café de fleur de sel
- 1½ cuillères à café de cannelle moulue
- 1 (14oz.) peut lait concentré sucré
- ½ cuillères à café de muscade moulue
- 1 (12oz.) peut lait évaporé
- 1 tasse de purée de citrouille
- ½ tasse (4 oz) de mascarpone italien
- 4 oeufs extra-gros
- 1 cuillère à café d'extrait de vanille pur

Les directions:

a) Faire le caramel : Dans une petite casserole à fond épais, mélanger le sucre, le sirop d'érable et 1/3 tasse d'eau.

b) Cuire à faible ébullition, en remuant de temps en temps, pendant 5 à 10 minutes, ou jusqu'à ce que le mélange devienne brun doré et atteigne 230°F.

c) Retirer la casserole du feu, incorporer la fleur de sel et verser aussitôt dans un grand moule à cake rond.

d) Dans un bol à mélanger, mélanger le lait condensé, le lait évaporé, la purée de citrouille et le mascarpone; battre à basse vitesse jusqu'à consistance lisse.

e) Battre les œufs, la vanille, l'extrait d'érable, le zeste d'orange, la cannelle et la muscade ensemble dans un bol à mélanger. Verser le mélange de citrouille dans la casserole avec le caramel lentement afin qu'ils ne se mélangent pas.

f) Placez le moule à gâteau dans une rôtissoire et versez suffisamment d'eau chaude dans la rôtissoire pour arriver à mi-hauteur des bords du moule à gâteau.

g) Cuire 70 à 75 minutes au centre du four, jusqu'à ce que la crème soit à peine prise.

h) Retirer le flan du bain-marie et laisser refroidir complètement sur une grille de refroidissement. Réfrigérer pendant au moins 3 heures.

i) Passez un petit couteau autour du bord du flan.

j) Retournez le moule à gâteau sur une assiette de service plate avec un léger rebord et retournez le flan sur l'assiette. Le caramel doit couler sur les côtés du flan.

k) Couper en quartiers et servir avec une cuillerée de caramel sur chaque tranche.

48. Casserole de maïs campagnard

Rendement : 4 portions

Ingrédients
- 2 tasses de grains de maïs
- 1 cuillère à café de sucre
- 1 cuillère à café d'extrait de vanille
- 1 cuillère à café de sel
- 1/4 cuillère à café de poivre noir
- 2 œufs, battus
- 1 tasse de lait
- 1 cuillère à soupe de beurre, fondu
- 2 cuillères à soupe de chapelure de craquelins

Les directions:
a) Préchauffer le four à 350°F.

b) Dans un grand bol à mélanger, combiner tous les ingrédients.

c) Verser dans une casserole non graissée de 1-1/2 pinte.

d) Cuire au four pendant 40 à 50 minutes ou jusqu'à ce qu'ils soient dorés.

49.   Relish aux canneberges et aux pacanes

Rendement : 3 tasses

Ingrédients

- 1 orange sans pépins, coupée en gros morceaux
- 1 pomme, évidée et coupée en gros morceaux
- 2 tasses de canneberges fraîches
- 1/2 tasse de sucre
- 1/4 tasse de pacanes

les directions

a) Dans un robot culinaire, mélanger tous les ingrédients.

b) Mélanger pendant 1 à 2 minutes, en raclant les parois du récipient au besoin, ou jusqu'à ce qu'il soit finement haché et complètement mélangé.

c) Servir immédiatement ou réfrigérer jusqu'au moment de servir dans un contenant hermétique.

50. Galettes de dinde et de pommes de terre rissolées

Rendement : 12 gâteaux

Ingrédients
- 2 tasses de purée de pommes de terre
- 4 tasses de dinde cuite hachée finement
- 1/4 tasse d'oignons hachés
- 1/4 tasse de poivrons verts hachés
- 1/4 tasse de chapelure sèche
- 1 cuillère à café de sel
- 3/4 cuillère à café de poivre noir
- 1/4 cuillère à café d'ail en poudre
- 1/4 cuillère à café de paprika
- 1/4 tasse de persil haché
- 3 œufs, légèrement battus
- 1/2 tasse d'huile végétale

Les directions:
a) Dans un grand bol à mélanger, fouetter ensemble tous les ingrédients sauf l'huile.

b) Faire des crêpes avec le mélange.

c) Chauffer suffisamment d'huile pour recouvrir une grande poêle à feu moyen-vif; cuire les crêpes de chaque côté, en ajoutant plus d'huile au besoin, jusqu'à ce qu'elles soient dorées, puis égoutter sur du papier absorbant.

d) Sers immédiatement.

51. Tourte croquante aux pommes

Rendement : 8 portions

Ingrédients
- 4 pommes moyennes, pelées et tranchées
- 2 tasses de céréales granola, divisées
- 1/2 tasse de raisins secs dorés
- 1/4 tasse de miel
- 1/4 tasse de cassonade tassée
- 2 cuillères à soupe de beurre, fondu
- 1 cuillère à café d'extrait de vanille
- 1 cuillère à café de cannelle moulue
- 1/4 cuillère à café de muscade moulue
- 1/8 cuillère à café de clous de girofle moulus
- 8 tasses de crème glacée à la vanille

Les directions:
a) Dans une mijoteuse de 4 pintes, chauffer doucement les pommes.

b) Dans un bol à mélanger moyen, combiner les céréales granola et les 8 ingrédients suivants; saupoudrer sur les pommes.

c) Cuire à LOW pendant 6 heures, couvert.

d) Servir les pommes sur la crème glacée à la vanille.

52. Tarte au caramel Amish gluante

Rendement : 8 portions

Ingrédients

- 2 tasses de cassonade claire
- 1 tasse d'eau
- 1 cuillère à soupe de beurre
- 3/4 tasse de farine tout usage
- 3/4 tasse de lait
- 3 jaunes d'œufs
- 1 cuillère à café d'extrait de vanille
- 1 (9 pouces) croûte à tarte cuite
- 1 tasse de moitiés de noix de pécan

Les directions:

a) Porter à ébullition la cassonade, l'eau et le beurre dans une casserole moyenne à feu moyen-vif; laisser mijoter 3 à 5 minutes en remuant régulièrement.

b) Dans un bol à mélanger moyen, fouetter ensemble la farine, le lait et les jaunes d'œufs.

c) Ajouter lentement le mélange de farine dans le mélange bouillant pendant 3 à 5 minutes, en remuant fréquemment.

d) Retirer du feu, incorporer l'extrait de vanille et laisser refroidir pendant 5 minutes.

e) Verser la garniture dans une croûte à tarte cuite et garnir de moitiés de noix de pécan.

f) Laisser refroidir 30 minutes avant de réfrigérer pendant 8 heures ou toute la nuit.

53. Feuilles d'automne

Rendement : 12 Feuilles

Ingrédients
- 1 pâte à tarte roulée réfrigérée
- 1 oeuf
- 2 cuillères à soupe d'eau

Les directions:
a) Préchauffer le four à 350°F.

b) Découpez des formes de feuilles dans la croûte à tarte avec un pochoir, un couteau bien aiguisé ou un emporte-pièce.

c) Tracez des lignes sur les découpes de "feuilles" avec un couteau pour ressembler à des veines sur de vraies feuilles, mais ne coupez pas tout le long de la croûte.

d) Pour créer une courbe naturelle pendant la cuisson, placez les découpes sur une plaque à biscuits ou drapez-les sur du papier d'aluminium enroulé.

e) Dans un petit bol à mélanger, fouetter ensemble l'œuf et l'eau jusqu'à ce qu'ils soient bien mélangés. Badigeonnez les découpes de dorure à l'œuf.

f) Cuire au four de 3 à 5 minutes, jusqu'à ce qu'ils soient dorés.

54. Compote de fruits des vendanges

Rendement : 8 portions

Ingrédients
- 5 pommes, coupées en morceaux de 1 pouce
- 3 poires moyennes, coupées en morceaux de 1 pouce
- 3 grosses oranges, pelées et coupées en quartiers
- 1 paquet (12 onces) de canneberges fraîches
- 1 1/2 tasse de jus de pomme
- 1 1/2 tasse de cassonade claire tassée

Les directions:
a) Mélanger tous les ingrédients dans une marmite et porter à ébullition à feu moyen-vif.

b) Réduire le feu à moyen et cuire, en remuant périodiquement, pendant 10 à 15 minutes ou jusqu'à ce que les fruits soient tendres.

c) Une fois les fruits refroidis, versez-les dans un récipient hermétique et conservez-les jusqu'au moment de servir.

55. Tarte aux canneberges de Thanksgiving

Rendement : 8 portions

Ingrédients

- 2 pâtes à tarte
- 1 sachet de gélatine ; saveur d'orange
- ¾ tasse d'eau bouillante
- ½ tasse de jus d'orange
- 1 boîte (8 oz) de sauce aux canneberges en gelée
- 1 cuillère à café de zeste d'orange râpé
- 1 tasse de moitié-moitié froid ou de lait
- 1 paquet de pouding instantané Jell-O, saveur vanille française ou vanille
- 1 tasse de garniture fouettée Cool Whip
- Canneberges givrées

Les directions:

a) Préchauffer le four à 450°F

b) PORTER la gélatine à ébullition et la dissoudre. Verser le jus d'orange. Placer le bol dans un plus grand bol de glace et d'eau. Laisser reposer 5 minutes en remuant régulièrement jusqu'à ce que la gélatine ait légèrement épaissi.

c) Ajouter la sauce aux canneberges et le zeste d'orange et remuer pour combiner. Remplir la croûte à tarte avec la garniture. Réfrigérer environ 30 minutes ou jusqu'à ce que le tout soit pris.

d) Dans un bol à mélanger moyen, versez moitié-moitié. Incorporer le mélange de garniture pour tarte. Fouetter jusqu'à ce que le mélange soit complètement mélangé.

e) Laisser reposer 2 minutes ou jusqu'à ce que la sauce ait un peu épaissi. Enfin, incorporer la garniture fouettée.

f) Étendre délicatement le mélange de gélatine sur le dessus. Réfrigérer pendant 2 heures ou jusqu'à consistance ferme.

g) Si vous préférez, garnissez avec plus de garniture fouettée et de canneberges givrées.

56. Canneberges pétillantes

Rendement : 2 tasses

Ingrédients
- 1 tasse de sirop d'érable pur
- 2 tasses de canneberges fraîches
- 1 tasse de sucre
- Parchemin

Les directions:
a) Cuire le sirop d'érable de 1 à 2 minutes dans une casserole à feu moyen-doux.

b) Retirer du feu et incorporer les canneberges.

c) Réfrigérer pendant 8 à 12 heures, couvert.

d) Égoutter les canneberges.

e) Mélanger 4 à 5 canneberges dans le sucre à la fois, en remuant doucement pour enrober.

f) Placer les canneberges en une seule couche sur une plaque à pâtisserie recouverte de papier parchemin et laisser sécher complètement.

57. Tarte fourrée au citron

Coquille meringuée
- 3 gros blancs d'œufs
- ¼ cuillère à café de crème de tartre
- ¼ cuillère à café de sel casher
- 10 sachets d'édulcorant à l'aspartame

Remplissage
- 2¼ tasses d'eau
- Zeste râpé de 1 citron + jus
- 30 sachets d'édulcorant à l'aspartame
- 1/3 tasse plus 2 cuillères à soupe de fécule de maïs
- 2 gros oeufs et 2 gros blancs d'oeufs
- 2 cuillères à soupe de beurre non salé

Les directions:

a) Battre les 3 blancs d'œufs dans un bol moyen jusqu'à consistance mousseuse. Ajouter la crème de tartre, le sel et l'édulcorant et battre en pics fermes. Tapisser une plaque à pâtisserie de papier sulfurisé et verser la meringue sur le papier.

b) Mélanger l'eau, le zeste et le jus de citron, le sel, l'édulcorant et la fécule de maïs dans une casserole moyenne. Porter à ébullition à feu moyen-vif, en remuant constamment.

c) Battre deux œufs et deux blancs d'œufs dans un petit bol. Incorporer environ la moitié du mélange de fécule de maïs chaud, puis remuer ce mélange d'œufs dans le mélange de fécule de maïs restant dans la casserole. Cuire et remuer à feu doux pendant 1 minute.

d) Retirer du feu et incorporer le beurre. Verser le mélange dans la coque de meringue cuite et refroidie. Garnir avec les fraises tranchées et servir immédiatement.

58.   Fondue au chocolat amaretto

Ingrédients :

- 3 onces de chocolat à cuire non sucré
- 1 tasse de crème épaisse
- 24 sachets d'édulcorant à l'aspartame
- 1 cuillère à soupe de sucre
- 1 cuillère à café d'amaretto
- 1 cuillère à café d'extrait de vanille
- Baies de votre choix, environ ½ tasse par portion

Les directions :

a) Cassez le chocolat en petits morceaux et placez-le dans un verre mesureur de 2 tasses avec la crème. Chauffer au micro-ondes à puissance élevée (puissance 100%), jusqu'à ce que le chocolat soit fondu, environ 2 minutes (ou chauffer dans un double-broil à feu doux, en fouettant constamment). Fouetter jusqu'à ce que le mélange soit brillant.

b) Ajouter l'édulcorant, le sucre, l'amaretto et la vanille en fouettant jusqu'à ce que le mélange soit lisse.

c) Transférer le mélange dans un caquelon à fondue ou un bol de service. Servir avec des baies pour tremper.

59.   Flans au coulis de framboise

Ingrédients :

- 1 tasse de lait
- 1 tasse moitié-moitié
- 2 gros oeufs
- 2 gros jaunes d'œufs
- 6 sachets d'édulcorant à l'aspartame
- $\frac{1}{4}$ cuillère à café de sel casher
- 1 cuillère à café d'extrait de vanille
- 1 tasse de framboises fraîches

Les directions :

a) Placer une rôtissoire remplie de 1 pouce d'eau sur une grille dans le tiers inférieur du four.

b) Beurrer six ramequins de $\frac{1}{2}$ pouce. Chauffer le lait et moitié-moitié au micro-ondes à puissance élevée (100% de puissance) pendant 2 minutes ou sur la cuisinière dans une casserole moyenne jusqu'à ce qu'il soit chaud.

c) Pendant ce temps, battre les œufs et les jaunes d'œufs dans un bol moyen jusqu'à consistance mousseuse. Incorporer progressivement le mélange de lait chaud aux œufs. Incorporer l'édulcorant, le sel et la vanille. Verser le mélange dans les ramequins préparés.

d) Placer dans les casseroles remplies d'eau et cuire jusqu'à ce que les crèmes soient prises, environ 30 minutes.

e) Retirer les plats de la rôtissoire et laisser refroidir à température ambiante sur une grille, puis réfrigérer jusqu'à refroidissement, environ 2 heures.

f) Pour faire le coulis, réduisez simplement les framboises en purée au robot culinaire. Ajouter un édulcorant au goût.

g) Pour servir, passez une cuillère autour du bord de chaque crème anglaise et retournez-la sur une assiette à dessert. Verser le coulis sur le dessus de la crème anglaise et terminer avec quelques framboises fraîches et un brin de menthe, si désiré.

60. Gateau au chocolat

Ingrédients:

- Cacao pour saupoudrer la poêle
- 6 cuillères à soupe de beurre non salé
- 4 onces de chocolat non sucré
- 1/3 tasse moitié-moitié
- 1/3 tasse de conserves de fruits à la framboise
- 1 cuillère à café de poudre d'espresso instantané
- 1 cuillère à soupe de sucre
- 3 gros œufs, séparés
- 1 cuillère à café d'extrait de vanille
- 22 sachets d'édulcorant à l'aspartame
- $\frac{1}{8}$ cuillère à café de crème de tartre
- $\frac{1}{4}$ tasse de farine tout usage
- $\frac{1}{8}$ cuillère à café de sel
- 1 tasse de crème épaisse
- $\frac{1}{2}$ tasse de framboises pour la garniture (facultatif)

Les directions:

a) Mélanger le beurre, le chocolat, le moitié-moitié, la confiture de framboises et la poudre d'espresso dans un plat allant au micro-ondes. Chauffer au micro-ondes à puissance élevée (puissance 100 %) jusqu'à ce que le chocolat soit fondu, 2 à 3 minutes.

b) Incorporer le sucre, les jaunes d'œufs et la vanille. Ajouter l'aspartame en fouettant jusqu'à consistance lisse.

c) Dans un autre bol, battre les blancs d'œufs jusqu'à consistance mousseuse, puis ajouter la crème de tartre et battre en neige ferme. Incorporer le mélange de chocolat aux blancs d'œufs, puis incorporer la farine et le sel combinés en prenant soin de ne pas trop mélanger. Verser dans le moule préparé. Cuire.

61. Flan Almendra

Ingrédients:

- 1¼ tasse de lait entier
- 4 gros œufs
- 3 sachets d'édulcorant à base d'aspartame, ou au goût
- 1 cuillère à soupe de sucre
- 1 cuillère à café d'extrait de vanille
- 1 cuillère à café d'extrait d'amande (facultatif)
- ¼ tasse d'amandes effilées
- ½ tasse de baies de votre choix pour la garniture (facultatif)

Les directions:

a) Placer une rôtissoire remplie de 1 pouce d'eau dans le four et préchauffer à 325°F. Beurrer 4 ramequins ou ramequins en verre.

b) Réchauffez le lait dans un bol de 1 litre allant au micro-ondes pendant 2 minutes à puissance élevée (puissance à 100%). Sinon, faites chauffer sur la cuisinière dans une casserole moyenne jusqu'à un peu moins d'ébullition.

c) Pendant ce temps, dans un autre bol, fouetter ensemble les œufs, l'édulcorant, le sucre, la vanille et l'extrait d'amande, le cas échéant. Verser le lait chaud dans le mélange d'œufs et remuer pour mélanger.

d) Faites griller les amandes en les chauffant dans une petite poêle à sec jusqu'à ce qu'elles commencent à dorer, environ 1 minute. Répartir les amandes dans les 4 ramequins, puis remplir de crème anglaise. Couvrir de papier d'aluminium. Placer les ramequins au bain-marie. Cuire au four jusqu'à ce que les crèmes soient prises, environ 20 minutes. Pour tester, insérez un couteau au milieu; il doit ressortir propre.

e) Servir à température ambiante ou frais. Pour servir, passer un couteau sur le pourtour du ramequin, puis démouler le flan sur une assiette à dessert. Si vous le souhaitez, ajoutez $\frac{1}{2}$ tasse de baies de votre choix.

62. Fraises épicées

Ingrédients :

- 2 tasses de fraises coupées en deux
- 1 cuillère à soupe de sucre
- 2 cuillères à café de vinaigre de Xérès
- $\frac{1}{4}$ cuillère à café de poivre noir finement moulu

Les directions :

a) Mélanger les baies avec le sucre, le vinaigre et le poivre dans un bol moyen. Couvrir et réfrigérer au moins 15 minutes.

b) Servir dans des coupes à dessert à pied.

63. Fou de mûre

Ingrédients:

- 1 tasse de crème fraîche ou 1 cuillère à soupe de crème sure plus 1 tasse de crème épaisse
- 1 tasse de mûres
- 1 cuillère à soupe de sucre
- 1 sachet d'édulcorant à base d'aspartame, ou au goût
- $\frac{1}{8}$ cuillère à café de crème de cassis

Les directions:

a) Réserver 6 magnifiques mûres. Mélanger les baies restantes avec le sucre, l'édulcorant, la crème de cassis et la crème fraîche. Mélangez délicatement, puis versez dans des coupes à dessert à pied.

b) Couvrir et réfrigérer jusqu'au moment de servir. Garnir avec les baies réservées.

64. Zabaglione

Ingrédients:
- 6 gros jaunes d'œufs
- 2 sachets d'édulcorant à base d'aspartame
- ¼ tasse de Marsala
- 1 cuillère à soupe de zeste d'orange râpé
- 3 cuillères à soupe de Grand Marnier
- 1 tasse de crème épaisse, fouettée en pics mous

Les directions:

a) Battre les jaunes d'œufs et l'édulcorant dans le haut d'un bain-marie, posé sur de l'eau frémissante, jusqu'à ce que le mélange soit jaune pâle et épais, 3 à 5 minutes.

b) Ajouter le Marsala et le zeste d'orange et poursuivre la cuisson en fouettant vigoureusement jusqu'à ce que le mélange épaississe suffisamment pour napper le dos d'une cuillère.

c) Retirer du feu et incorporer le Grand Marnier.

d) Répartir dans quatre assiettes à dessert. Servir chaud ou frais. Garnir chaque portion de ¼ tasse de crème fouettée. Sinon, refroidissez le sabayon et incorporez la crème fouettée, puis répartissez-le entre les plats à dessert.

65. Framboises et crème

Ingrédients:
- ½ tasse de crème épaisse
- ¼ cuillère à café d'extrait de vanille
- 1 cuillère à soupe de sucre
- ½ sachet d'édulcorant à l'aspartame
- 1 pinte de framboises fraîches

Les directions:

a) Fouettez la crème avec la vanille, le sucre et l'aspartame jusqu'à ce qu'elle forme des pics mous. Écrasez la moitié des framboises à la cuillère et incorporez-les à la crème.

b) Répartir les baies restantes dans quatre bols à dessert et garnir de crème de framboise. Couvrir et réfrigérer jusqu'au moment de servir.

66. Boulettes de fruits au bourbon

Ingrédients:
- ½ tasse de boules de melon
- ½ tasse de fraises coupées en deux
- 1 cuillère à soupe de bourbon
- 1 cuillère à soupe de sucre
- ½ sachet d'édulcorant à base d'aspartame, ou au goût
- Brins de menthe fraîche pour la décoration

Les directions:

a) Mélanger les boules de melon et les fraises dans un plat en verre.

b) Mélanger avec le bourbon, le sucre et l'aspartame.

c) Couvrir et réfrigérer jusqu'au moment de servir. Répartir les fruits dans des coupes à dessert et décorer de feuilles de menthe.

67. mangues à l'indienne

Ingrédients:
- 1 grosse mangue mûre
- $\frac{1}{2}$ citron vert
- $\frac{1}{2}$ cuillère à café de poudre de curry

Les directions:

a) Couper la mangue en deux dans le sens de la longueur autour de l'équateur.

b) Tournez entre vos mains pour libérer le noyau, que vous jeterez.

c) Entailler la chair de chaque moitié en faisant un fin quadrillage sans percer la peau.

d) Retourner chaque moitié de mangue et servir sur une assiette à dessert arrosée de jus de citron vert et de poudre de curry.

68.   gâteau au fromage italien

Ingrédients:

- 2 tasses de fromage ricotta partiellement écrémé
- 3 gros œufs
- 2 cuillères à soupe de fécule de maïs
- 2 sachets d'édulcorant à base d'aspartame
- 1½ cuillères à café d'extrait de citron
- 1 tasse de framboises fraîches
- ¼ tasse de conserves de groseilles tous fruits

Les directions:

a) Préchauffer le four à 325°F. Beurrer une assiette à tarte de 9 pouces. Dans un grand bol, battre la ricotta et les œufs ensemble jusqu'à consistance lisse.

b) Incorporer la fécule de maïs, l'édulcorant et l'extrait de citron. Verser dans le moule à tarte préparé. Cuire au centre du four pendant 1 heure ou jusqu'à ce qu'un couteau inséré au centre en ressorte propre.

c) Laisser refroidir sur une grille, puis mettre au frais. Garnir de framboises fraîches. Faire fondre les conserves au micro-ondes à puissance élevée (100% de puissance) pendant 30 secondes, puis arroser les baies.

d) Réfrigérer jusqu'au moment de servir.

69.   Duvet de citron

Ingrédients:

- 2 gros œufs, séparés
- 2 tasses de lait
- 1 enveloppe de gélatine sans saveur
- 1 sachet d'édulcorant à base d'aspartame
- 1 cuillère à soupe de sucre
- 2 cuillères à café d'extrait de citron
- 1 cuillère à café de zeste de citron râpé

Les directions:

a) Dans une casserole moyenne, battre les jaunes d'œufs jusqu'à ce qu'ils soient épais et citronnés. Incorporer le lait et la gélatine et laisser reposer 5 minutes pour ramollir.

b) Ajouter l'édulcorant et le sucre et cuire à feu doux, en remuant constamment, pendant 5 minutes. Retirer du feu et incorporer l'extrait et le zeste de citron.

c) Verser dans un grand bol peu profond et refroidir dans un grand bol rempli d'eau glacée.

d) Entre-temps, dans un bol moyen, battre les blancs d'œufs jusqu'à ce qu'ils forment des pics mous. Incorporer au mélange au citron.

e) Répartir dans six plats à dessert et réfrigérer jusqu'à ce qu'ils soient pris.

70. Meringues aux amandes et à la noix de coco

Ingrédients:

- 3 gros blancs d'œufs
- $\frac{1}{4}$ cuillère à café de sel casher
- 3 sachets d'édulcorant à l'aspartame
- 1 cuillère à café d'extrait d'amande
- $\frac{1}{8}$ tasse d'amandes finement hachées
- $\frac{1}{2}$ tasse de noix de coco râpée non sucrée

Les directions:

a) Préchauffer le four à 250°F. Dans un bol parfaitement propre, mélanger les blancs d'œufs, le sel et l'édulcorant.

b) Battre au batteur électrique ou fouetter jusqu'à ce que les blancs d'œufs forment des pics fermes. Incorporer l'extrait d'amande, les amandes et la noix de coco.

c) Déposer la cuillère à soupe comble sur une plaque à pâtisserie tapissée de papier parchemin.

d) Cuire 30 minutes, puis éteindre le four et laisser refroidir les meringues dans le four, sans ouvrir la porte, au moins 1 heure. Conserver dans une boite.

71.   Gâteaux avec des pépites de chocolat

Portions : 12 biscuits

Ingrédients:

- ½ tasse de beurre
- ⅓ tasse de fromage à la crème
- 1 oeuf battu
- 1 cuillère à café d'extrait de vanille
- ⅓ tasse d'érythritol
- ½ tasse de farine de noix de coco
- ⅓ tasse de pépites de chocolat sans sucre

Les directions:

a) Préchauffez la friteuse à air à 350°F. Tapisser le panier de la friteuse à air de papier parchemin et placer les biscuits à l'intérieur

b) Dans un bol, mélanger le beurre et le fromage à la crème. Ajouter l'érythritol et l'extrait de vanille et fouetter jusqu'à consistance mousseuse. Ajouter l'œuf et battre jusqu'à ce qu'il soit incorporé. Mélanger la farine de noix de coco et les pépites de chocolat. Laisser reposer la pâte 10 minutes.

c) Prélevez environ 1 cuillère à soupe de pâte et formez les biscuits.

d) Placez les biscuits dans le panier de la friteuse à air et faites cuire pendant 6 minutes.

72.   Brownies à la friteuse à air

rendement : 2 PORTIONS

Ingrédients:

- 1/3 tasse de farine d'amande
- 3 cuillères à soupe d'édulcorant en poudre
- 1/2 cuillères à café de levure chimique
- 2 cuillères à soupe de cacao en poudre non sucré
- 1 oeuf
- 4 cuillères à soupe de beurre, fondu
- 2 cuillères à soupe de pépites de chocolat
- 2 cuillères à soupe de noix de pécan, hachées

Les directions:

a) Préchauffez la friteuse à air à 350 degrés.

b) Dans un saladier, mélangez la farine d'amande, la poudre à pâte, la poudre de cacao et l'édulcorant en poudre.

c) Ajouter l'œuf et le beurre fondu aux ingrédients secs et battre à feu vif jusqu'à consistance lisse.

d) Incorporer les pacanes et les pépites de chocolat.

e) Séparez la pâte dans deux ramequins bien graissés.

f) Faites cuire les gâteaux pendant 10 minutes aussi loin que possible de la source de chaleur en haut de la friteuse à air.

g) Laissez les brownies reposer pendant 5 minutes avant de servir avec vos garnitures préférées.

73.   Gâteau au fromage aux baies

Rendement : 8

Ingrédients:

- 2 blocs (8 oz) de fromage à la crème, ramolli
- 1 tasse + 2 cuillères à soupe d'édulcorant de confiserie
- 2 oeufs
- 1 cuillère à café d'extrait de framboise
- 1 tasse de baies

Les directions:

a) Dans un grand bol à mélanger, fouetter le fromage à la crème et l'édulcorant Swerve jusqu'à ce qu'ils soient agréables et crémeux.

b) Ajouter les œufs et l'extrait de framboise. Bien mélanger.

c) Dans un mélangeur ou un robot culinaire, écrasez les baies, puis mélangez-les au mélange de gâteau au fromage avec les 2 cuillères à soupe supplémentaires de Swerve.

d) Beurrez un moule à charnière puis versez-y le mélange.

e) Placer la casserole dans le panier de la friteuse à air et cuire à 300°F pendant 10 minutes. Baisser ensuite la température à 250°F pendant 40 minutes. Vous savez que c'est fait lorsque vous secouez doucement la casserole et que tout semble réglé mais que le milieu tremble un peu.

f) Sortez-le et laissez-le refroidir un peu avant de le réfrigérer. Gardez-le au réfrigérateur pendant 24 heures. Le plus long sera le mieux pour le laisser complètement mis en place.

74. Beignets dans la friteuse à air

Pour : 6

Ingrédients:

- 1 ¼ tasse de farine d'amande 125 grammes
- ⅓ tasse d'érythritol granulé 60 grammes
- 1 cuillère à café de levure chimique
- ¼ cuillère à café de gomme xanthane
- ⅛ cuillère à café de sel
- 2 oeufs température ambiante
- 2 cuillères à soupe d'huile de noix de coco fondue
- 2 cuillères à soupe de lait d'amande non sucré
- ½ cuillère à café d'extrait de vanille
- ¼ cuillère à café de stévia liquide
- Enrobage de sucre à la cannelle
- 4 cuillères à soupe d'érythritol granulé
- 1 ½ cuillères à café de cannelle

Les directions:

a) Dans un grand bol, fouetter ensemble la farine d'amande, l'érythritol, la poudre à pâte, la gomme de xanthane et le sel.

b) Dans un bol moyen, battre légèrement les œufs à température ambiante. Incorporer l'huile de noix de coco fondue, le lait d'amande, la vanille et la stévia liquide. Verser le mélange dans le bol avec les ingrédients secs et remuer pour combiner.

c) Préchauffer la friteuse à air à 330°F pendant 3 minutes. Vaporisez des moules à beignets ou des moules avec de l'huile d'avocat.

d) Pocher la pâte dans six cavités de beignet de 3 pouces, en remplissant environ les 3/4. Tapoter le moule sur le comptoir pour déposer la pâte et réduire les bulles d'air.

e) Cuire les beignets dans une friteuse à air à 330°F pendant 8 minutes. Vérifier avec un cure-dent la cuisson. (Avec de nombreuses friteuses à air, vous devrez peut-être d'abord cuire un ensemble de 4 beignets, puis les 2 restants.)

f) Retirer les beignets de la friteuse à air et laisser refroidir dans le moule pendant 5 minutes. Pendant ce temps, mélangez l'érythritol et la cannelle dans un bol (et faites cuire les beignets restants, si nécessaire).

g) Après le temps de refroidissement, retirez soigneusement les beignets du moule et enduisez les deux côtés de chaque beignet avec le mélange de sucre à la cannelle.

h) Placer les beignets enrobés dans la friteuse à air avec le côté plat vers le bas. Cuire au four à 350°F pendant 2 minutes, enrober immédiatement de sucre à la cannelle pour une dernière fois. Prendre plaisir!

75. Gâteau à la crème de fraise à la vanille

Pour 6 personnes

Ingrédients:

- 1 tasse (100 g) de poudre d'amandes
- ½ tasse (75g) de Natvia
- 1 cuillères à café (5 g) de levure chimique
- 2 cuillères à soupe (40 g) d'huile de noix de coco
- 2 gros oeufs (51g chacun)
- 1 cuillères à café (5g) d'extrait de vanille
- 300 ml de crème froide
- 200 g de fraises fraîches mûres

Les directions:
a) Préchauffer la friteuse à air à 180°C, pendant 3 minutes.

b) Dans un grand bol, mélanger la farine d'amandes, la Natvia et la levure chimique avec une pincée de sel marin.

c) Ajouter l'huile de noix de coco, les œufs et la vanille et remuer pour combiner.

d) Badigeonnez légèrement un moule à gâteau de 16 cm d'huile de noix de coco supplémentaire.

e) À l'aide d'une spatule, racler le mélange dans le moule à cake.

f) Insérez le panier de la friteuse à air et couvrez-le d'un papier d'aluminium.

g) Cuire à 160°C, pendant 20 minutes.

h) Retirer le papier d'aluminium et cuire encore 10 minutes ou jusqu'à ce qu'une brochette insérée enlève propre.

i) Une fois refroidie, fouetter la crème froide avec un batteur électrique pendant 5 minutes ou jusqu'à la formation de pics fermes.

j) Répartir sur le gâteau et disposer les fraises tranchées dessus.

k) En partant de l'extérieur, utilisez les plus grandes tranches (côté pointu vers l'extérieur) en progressant progressivement vers l'intérieur.

l) Superposez chaque couche pour créer de la hauteur.

76. Berry Cobbler

Pour 4 personnes

Ingrédients:

- 2 tasses (250 g) de bleuets surgelés, décongelés
- ½ tasse (120 g) de beurre ramolli
- ¼ tasse (38g) de Natvia
- 2 oeufs (51g chacun)
- ½ tasse (50g) de poudre d'amandes
- 1 cuillères à café (5g) d'extrait de vanille

Les directions:
a) Préchauffer la friteuse à air à 180°C, pendant 3 minutes.

b) Placer les myrtilles décongelées dans le fond d'un plat en céramique ou d'un moule à pain de 8 x 8 cm.

c) Dans un bol, mélanger le reste des ingrédients avec une pincée de sel de mer et verser sur les bleuets.

d) Piquez doucement pour mélanger légèrement le mélange de baies et d'amandes.

e) Placez le plat dans la friteuse à air.

f) Couvrir de papier d'aluminium.

g) Cuire au four à 180°C, pendant 10 minutes. Retirer le papier d'aluminium et cuire encore 5 minutes ou jusqu'à ce qu'ils soient bien dorés.

h) Refroidir avant de retirer.

77. Gâteau Bundt au chocolat

Pour 6 personnes

Ingrédients:

- 1 ½ tasse (150 g) de poudre d'amandes
- ½ tasse (75g) de Natvia
- ⅓ tasse (30 g) de cacao en poudre non sucré
- 1 cuillères à café (5 g) de levure chimique
- ⅓ tasse (85 g) de lait d'amande non sucré
- 2 gros oeufs (51g chacun)
- 1 cuillères à café (5g) d'extrait de vanille

Les directions:

a) Préchauffer la friteuse à air à 180°C, pendant 3 minutes.

b) Dans un grand bol à mélanger, mélanger tous les ingrédients jusqu'à ce qu'ils soient bien combinés.

c) Vaporisez un mini moule Bundt avec de l'huile. NB : Les moules à gâteau Bundt sont disponibles dans une variété de tailles, la taille dont vous avez besoin dépendra de la taille de votre friteuse à air. Une légère pulvérisation d'huile ou un pinceau avec du beurre fondu empêchera le collage.

d) Verser la pâte dans le moule.

e) Placer dans le panier de la friteuse et cuire à 160°C, pendant 10 minutes.

f) Laisser refroidir 5 minutes avant de retirer.

78.   Biscuit PB Géant

Pour 4 personnes

Ingrédients:

- ⅓tasse (33 g) de farine d'amande
- 2 cuillères à soupe (24g) de Natvia
- 1 gros oeuf (51g)
- 3 cuillères à soupe (75 g) de beurre de cacahuète croquant
- 1 cuillères à café (3 g) de cannelle

Les directions:

a) Préchauffer la friteuse à air à 180°C, pendant 3 minutes.

b) Placer tous les ingrédients dans un bol avec une pincée de sel de mer et mélanger pour combiner.

c) Étalez le mélange sur un rond de papier cuisson et poussez légèrement pour l'étaler, en gardant l'épaisseur du mélange aussi uniforme que possible.

d) Cuire à 180°C, pendant 8 minutes.

79. Bagels-desserts

Donne 4

Ingrédients:

- 1 tasse (100 g) de poudre d'amandes
- ½ cuillères à café (2,3 g) de levure chimique
- ¼ tasse (75 g) de mozzarella râpée
- 1 cuillères à soupe (20 g) de fromage à la crème
- 1 gros oeuf (51g)

Les directions:

a) Préchauffer la friteuse à air à 180°C, pendant 3 minutes.

b) Mélanger la farine d'amandes et la levure chimique ensemble. Assaisonner avec une pincée de sel.

c) Faire fondre la mozzarella et le cream cheese dans un bol au micro-ondes pendant 30 secondes.

d) Refroidir, puis ajouter l'œuf. Remuer pour combiner.

e) Ajouter la farine d'amandes et pétrir en une pâte.

f) Diviser en 4 portions égales, rouler en boudins de 8 cm de long.

g) Pincez les extrémités ensemble pour faire une forme de beignet.

h) Placer sur du papier cuisson.

i) Cuire au four à 160°C, pendant 10 minutes.

j) Retirez et profitez !

80. Pouding au pain

Pour : 2

Ingrédients
- Aérosol antiadhésif, pour graisser les ramequins
- 2 tranches de pain blanc, émiettées
- 4 cuillères à soupe de sucre blanc
- 5 gros oeufs
- ½ tasse de crème
- Sel, pincée
- 1/3 cuillère à café de cannelle en poudre

les directions
a) Prenez un bol et battez-y les œufs.
b) Ajouter le sucre et le sel à l'œuf et bien fouetter le tout.
c) Ajouter ensuite la crème et utiliser un batteur à main pour incorporer l'ensemble des ingrédients.
d) Maintenant, ajoutez la cannelle et ajoutez des miettes de pain.
e) Mélangez bien et versez dans un moule rond allant au four.
f) Mettez-le à l'intérieur de la friteuse à air.
g) Réglez-le en mode AIRFRY à 350 degrés F pendant 8 à 12 minutes.
h) Une fois cuit, servez.

81.　　　Mini tartes aux fraises et à la crème

Pour : 2

Ingrédients
- 1 boîte de pâte à tarte achetée en magasin, Trader Joe's
- 1 tasse de fraises, coupées en cubes
- 3 cuillères à soupe de crème épaisse
- 2 cuillères à soupe d'amandes
- 1 blanc d'oeuf, pour badigeonner

Les directions:
a) Prenez la pâte à tarte apportée par le magasin et aplatissez-la sur une surface.
b) Utilisez un emporte-pièce rond pour le couper en cercles de 3 pouces.
c) Badigeonnez la pâte de blanc d'oeuf tout autour des paramètres.
d) Ajoutez maintenant les amandes, les fraises et la crème en très petite quantité au centre de la pâte et recouvrez-la d'une autre circulaire.
e) Appuyez sur les bords avec la fourchette pour le sceller.
f) Faites une entaille au milieu de la pâte et placez-la dans le panier.
g) Réglez-le sur le mode AIR FRY 360 degrés pendant 10 minutes.
h) Une fois terminé, servez.

82. Ananas grillé à la brésilienne

Portions : 4

Ingrédients

- 1 ananas, pelé, épépiné et coupé en lances
- 1/2 tasse (110 g) de cassonade
- 2 cuillères à café (2 cuillères à café) de cannelle moulue
- 3 cuillères à soupe (3 cuillères à soupe) de beurre fondu

Les directions:

a) Dans un petit bol, mélanger la cassonade et la cannelle.

b) Badigeonner les pointes d'ananas avec le beurre fondu. Saupoudrer le sucre à la cannelle sur les tiges, en appuyant légèrement pour s'assurer qu'il adhère bien.

c) Placez les lances dans le panier de la friteuse à air en une seule couche. Selon la taille de votre friteuse à air, vous devrez peut-être le faire par lots.

d) Réglez la friteuse à 400 °F pendant 10 minutes pour le premier lot (6 à 8 minutes pour le lot suivant car votre friteuse à air sera préchauffée). A mi-cuisson, badigeonner avec le beurre restant.

e) Les ananas sont cuits lorsqu'ils sont chauds et que le sucre bouillonne.

83.   Bananes à la cannelle en croûte de noix de coco

Ingrédients
- 4 bananes mûres mais fermes
- ½ tasse de farine de tapioca
- 2 gros œufs
- 1 tasse de flocons de noix de coco râpés
- 1 cuillère à café bombée de cannelle moulue
- Spray à la noix de coco

Les directions:

a) Coupez chaque banane en trois

b) Faire une chaîne de montage :

c) Versez la farine de tapioca dans une assiette creuse.

d) Casser les œufs dans un autre bol peu profond et fouetter légèrement.

e) Mélanger la noix de coco râpée et la cannelle moulue dans le troisième plat peu profond. Bien mélanger.

f) Trempez les bananes dans la farine de tapioca et secouez l'excédent.

g) Tremper les bananes dans les œufs battus. Assurez-vous qu'il est complètement recouvert de dorure à l'œuf.

h) Rouler les bananes dans les flocons de cannelle et de noix de coco pour bien les enrober. Appuyez fermement pour vous assurer que les flocons de noix de coco adhèrent aux bananes. Conservez-les dans un plat plat.

i) Vaporisez généreusement le panier de la friteuse Air Fryer avec de l'huile de noix de coco.

j) Disposez les morceaux de bananes en croûte de noix de coco dans le panier de la friteuse. Vaporiser avec plus de spray à la noix de coco.

k) Frire à l'air à 270F pendant 12 minutes.

l) Saupoudrez de cannelle moulue et servez tiède ou à température ambiante avec une boule de glace.

84. Tarte À La Noix De Coco Facile Sans Gluten

Rendement : 6-8

Ingrédients
- 2 oeufs
- 1 1/2 tasse de lait
- 1/4 tasse de beurre
- 1 1/2 cuillères à café d'extrait de vanille
- 1 tasse de noix de coco râpée
- 1/2 tasse de fruit de moine
- 1/2 tasse de farine de noix de coco

Les directions:
a) Enduisez une assiette à tarte de 6" avec un spray antiadhésif et remplissez-la avec la pâte. Continuez à suivre les mêmes instructions que ci-dessus.

b) Cuire dans la friteuse Air Fryer à 350 degrés pendant 10 à 12 minutes.

c) Vérifiez la tarte à mi-cuisson pour vous assurer qu'elle ne brûle pas, retournez l'assiette, utilisez un cure-dent pour vérifier la cuisson.

85. Pouding aux pacanes

Ingrédients:
- 1 cuillère à soupe de beurre ou de margarine
- 1 gros blanc d'oeuf battu
- 1/3 tasse de sirop de maïs noir
- 1/4 cuillère à café de vanille
- 2 cuillères à soupe de farine non blanchie
- 1/8 cuillère à café de levure chimique
- 1/4 tasse de pacanes hachées
- Sucre en poudre

Les directions:

a) Dans une tasse à crème anglaise de 15 onces, faites chauffer le beurre ou la margarine, à découvert, à 100 % de puissance pendant 30 à 40 secondes ou jusqu'à ce qu'ils fondent.

b) Agiter le beurre dans la tasse à crème pâtissière, en enduisant les côtés et le fond.

c) Versez l'excédent de beurre de la tasse à crème anglaise dans l'œuf battu.

d) Incorporer le sirop de maïs noir et la vanille.

e) Mélanger la farine et la levure chimique.

f) Incorporer le mélange de farine au mélange d'œufs. Incorporer délicatement les pacanes hachées.

g) Verser le mélange de noix de pécan dans la tasse à crème pâtissière beurrée de 15 onces. Cuire au micro-ondes, à découvert, à 50 % de puissance pendant 3 à 4 minutes ou jusqu'à ce que le mélange de noix de pécan soit juste pris, en tournant la tasse à crème anglaise d'un demi-tour toutes les minutes.

h) Tamiser un peu de sucre en poudre dessus. Servir chaud avec de la crème légère, si désiré.

86. Mousse de Liqueur de Café

Ingrédients:
- 4 œufs, séparés
- 1/4 tasse de liqueur de café
- 1/4 tasse de sirop d'érable
- 1/8 tasse de cognac
- 1 litre d'eau
- 1 cc de crème fouettée

Les directions:

a) Au mélangeur ou au batteur électrique, mélanger les jaunes d'œufs, le sirop d'érable et l'eau. Transférer dans une casserole et porter à ébullition. Retirer du feu et ajouter la liqueur de café et le cognac. Froideur.
b) Battre la crème et les blancs d'œufs jusqu'à formation de pics mous.
c) Incorporer délicatement au mélange de liqueur refroidi.
d) Verser dans des verres demi-tasse et réfrigérer 2 heures.

87. Dessert Pêche Melba

Ingrédients:
- 2 c Pêches ; tranché, pelé
- 2 tasses de framboises
- 3/4 tasse de sucre
- 2 cuillères à soupe d'eau
- Glace; vanille

Les directions:

a) Dans une casserole, porter à ébullition les pêches, les framboises, le sucre et l'eau.
b) Réduire le feu et laisser mijoter 5 minutes.
c) Réfrigérer, si désiré.
d) Servir sur de la glace.

88. Yogourt glacé à la cannelle et aux noix

Ingrédients:
- 4 tasses de yaourt à la vanille
- 1 tasse de sucre
- 1/2 cuillères à café de cannelle
- Le sel
- 1 tasse de crème fouettée
- 1 cuillères à café de vanille
- 1 c Morceaux de noix

Les directions:

a) Bien mélanger le yogourt, le sucre, la cannelle et le sel dans un bol à mélanger. Incorporer la crème fouettée et la vanille. Ajouter les noix.
b) Couvrir et réfrigérer 30 minutes.
c) Congeler selon les instructions du fabricant.

89. Fudge cinq minutes

Ingrédients:
- 2/3 tasse de lait évaporé
- 1-2/3 tasse de sucre
- 1/2 cuillère à café de sel
- 1-1/2 tasse de guimauves (les miniatures fonctionnent mieux)
- 1-1/2 tasse de pépites de chocolat (mi-sucré)
- 1 cuillère à café de vanille

Les directions:

a) Mélanger le lait, le sucre et le sel dans une casserole à feu moyen.

b) Porter à ébullition et cuire 4 à 5 minutes en remuant constamment (commencer à chronométrer lorsque le mélange commence à « faire des bulles » autour des coins de la casserole). Retirer du feu. Ajouter les guimauves, les pépites de chocolat et la vanille. Remuer vigoureusement pendant 1 minute (ou jusqu'à ce que les guimauves soient complètement fondues et mélangées). Verser dans un moule carré beurré de 8 po. Laisser refroidir jusqu'à ce qu'il ne tombe pas ou ne glisse pas dans le moule.

c) Vous aimez les noix? Ajouter 1/2 tasse de noix hachées avant de verser dans le moule.

90. Croûte aux amandes et à l'avoine

Ingrédients:
- 1 ch. amandes moulues
- 1 ch. farine d'avoine
- 1/2 cuillère à café de sel
- 1/4 c. eau ou jus

Les directions:

a) BROYER les amandes et l'avoine dans un mélangeur jusqu'à ce qu'ils soient fins, ou broyer les flocons d'avoine et les amandes dans un robot culinaire, en ajoutant du sel et de l'eau pendant que le robot est en mouvement. AJOUTER le sel en mélangeant bien. Ajoutez de l'eau. Bien mélanger. PRESSER dans le moule à tarte ou étaler avec un rouleau à pâtisserie entre deux morceaux de papier ciré.

b) CUIRE à 350° pendant 15 minutes. RENDEMENT : 1 pâte à tarte.

91.   Dessert fantaisie aux pommes

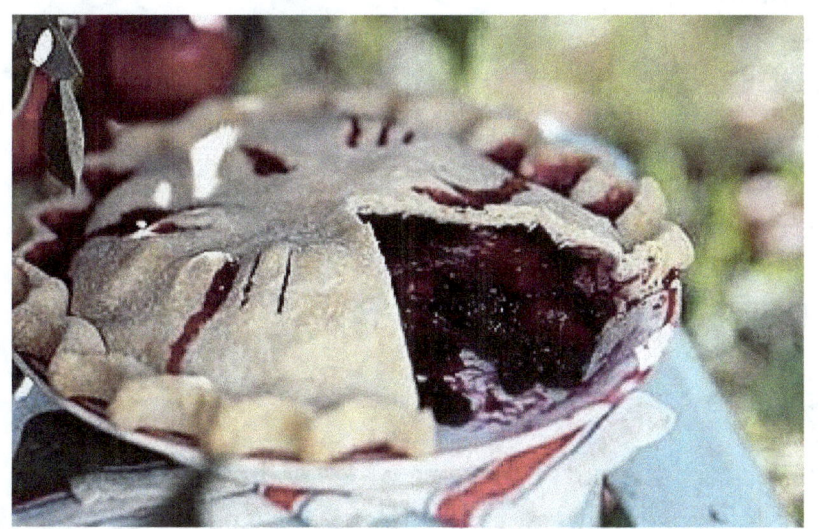

Ingrédients:

- 2/3 c. farine
- 3 cuillères à café de levure chimique
- 1/2 cuillère à café de sel
- 2 oeufs
- 1 ch. Sucre en poudre
- 1/2 c. cassonade
- 3 cuillères à café de vanille ou de rhum ou de bourbon
- 3 ch. Pommes coupées en dés

Les directions:

a) Battre les œufs, ajouter le sucre et la vanille et bien battre. Ajouter les ingrédients secs et mélanger. Déposer les pommes et remuer jusqu'à ce qu'elles soient uniformément réparties. Mettre dans un plat à gratin profond ou un plat à soufflé.
b) Cuire 45 minutes à 350. Servir chaud.

92. Glace à l'avocat

Ingrédients:

- avocats
- jus de citron
- 1 boîte (14 oz / 400 ml) de lait de coco entier
- 1 tasse / 100 g d'édulcorant liquide préféré tel que le sirop d'érable ou le sirop d'agave

Les directions:

a) Placez la boîte de lait de coco au réfrigérateur pendant une nuit.
b) Coupez les avocats en deux, retirez le noyau et prélevez la chair d'avocat.
c) Mettez la chair d'avocat dans un robot culinaire avec le jus de citron et mixez jusqu'à obtenir une crème d'avocat parfaitement lisse.
d) Ouvrir la boîte de lait de coco à l'envers (pour que la crème dure soit dessus).
e) Versez la crème de noix de coco jusqu'à ce que vous atteigniez l'eau de noix de coco
f) Fouetter la crème de noix de coco dans un bol jusqu'à ce qu'elle soit une belle crème fouettée à la noix de coco douce. Ajouter la crème d'avocat et le sirop de riz et mélanger jusqu'à ce qu'ils soient incorporés.
g) Mettez la glace dans un plat allant au congélateur.
h) Placez-le au congélateur pendant au moins 4 heures.
i) S'il est trop difficile de s'en débarrasser après 4 heures, laissez-le reposer à température ambiante pendant une minute ou deux. Prendre plaisir!

93.   Tarte à la crème de banane

Ingrédients:
- 3 ch. LAIT DE SOJA (58)
- 1/2 c. mon chéri
- 1/2 c. noix de cajou brutes
- 1/4 cuillère à café de sel
- 1/3 c. fécule de maïs
- 2 cuillères à café de vanille
- 1/3 c. dattes dénoyautées
- 2-3 bananes tranchées

Les directions:

a) LIQUEFIER tous les ingrédients sauf les bananes. VERSER dans une casserole et cuire à feu moyen jusqu'à épaississement, en remuant constamment. VERSER une fine couche du mélange de « crème pâtissière » dans une croûte à tarte cuite ou une couche de granola, puis AJOUTER une couche de bananes tranchées.

b) Répétez l'opération, puis ajoutez le reste de la crème anglaise et décorez d'amandes effilées. RÉFRIGÉRER toute la nuit et SERVIR froid.

94. Fou de baies

Ingrédients

- 1 paquet (12 onces) de framboises ou de fraises surgelées (pas au sirop), décongelées
- 1/4 tasse plus 1 cuillère à soupe de sucre, divisé
- 1 tasse de crème fouettée épaisse

les directions

a) Dans un mélangeur ou un robot culinaire, mélanger les framboises ou les fraises avec 1/4 tasse de sucre. Mélanger jusqu'à ce que les baies soient réduites en purée, en raclant les côtés si nécessaire.

b) Dans un grand bol, battre la crème épaisse au mélangeur jusqu'à la formation de pics mous. Ajouter la cuillère à soupe de sucre restante et continuer à fouetter jusqu'à la formation de pics fermes.

c) À l'aide d'une spatule en caoutchouc, incorporer délicatement la purée de framboise en laissant quelques filets de chantilly blanche. Verser dans quatre verres à parfait individuels. Réfrigérer pendant 2 heures puis servir.

95. Tiramisu aux baies

Ingrédients

- 1 1/2 tasse de café infusé
- 2 cuillères à soupe de Sambuca
- 1 cuillère à soupe de sucre granulé
- Contenant de 1 livre de fromage mascarpone
- 1/4 tasse de crème épaisse
- 2 cuillères à soupe de sucre glace
- Biscuits doigts de dame
- Poudre de cacao
- 2 tasses de baies mélangées

les directions

a) Dans un bol peu profond, fouetter ensemble 1 1/2 tasse de café infusé, 2 cuillères à soupe de Sambuca et 1 cuillère à soupe de sucre granulé jusqu'à ce que le sucre soit dissous.

b) Dans un bol séparé, fouetter ensemble un récipient de 1 livre de fromage mascarpone, 1/4 tasse de crème épaisse et 2 cuillères à soupe de sucre à glacer.

c) En utilisant suffisamment de biscuits aux doigts de dame pour couvrir le fond d'un plat de cuisson carré de 8 pouces, trempez les doigts de dame dans le mélange de café et disposez-les en une couche uniforme au fond du moule.

d) Étendre la moitié du mélange de mascarpone sur le dessus. Répétez les deux couches. Saupoudrer de poudre de cacao et de 2 tasses de baies mélangées. Réfrigérer le tiramisu pendant au moins 2 heures et jusqu'à 2 jours.

96. Caramels Rhum Beurre

Ingrédients
- Huile végétale pour graisser
- 2 tasses de cassonade claire tassée (14 oz)
- 1 tasse de crème épaisse
- 1/2 bâton (1/4 tasse) de beurre non salé
- 1/4 cuillère à café de sel
- 1/4 tasse plus 1 cuillère à café de rhum brun
- 1/4 cuillère à café de vanille
- Matériel spécial : papier sulfurisé ; un thermomètre à bonbons ou à gras

Les directions:

a) Tapisser le fond et les côtés d'un moule carré de 8 pouces de papier parchemin et de parchemin d'huile.

b) Porter à ébullition la cassonade, la crème, le beurre, le sel et 1/4 tasse de rhum dans une casserole épaisse de 3 à 4 pintes, en remuant jusqu'à ce que le beurre soit fondu, puis faire bouillir à feu modéré, en remuant fréquemment, jusqu'à ce que le thermomètre enregistre 248 ° F (stade boule ferme), environ 15 minutes. Retirer du feu et incorporer la vanille et la cuillère à thé de rhum restante. Verser dans le moule et laisser refroidir complètement jusqu'à consistance ferme, 1 à 2 heures.

c) Retournez le caramel sur une planche à découper, puis jetez le papier sulfurisé et retournez le côté glacé du caramel vers le haut. Couper en carrés de 1 pouce.

97. zeste de citron confit

Ingrédients:
- le zeste de 4 citrons, 3 oranges ou 2 pamplemousses
- 1 tasse de sucre
- 1/3 tasse d'eau

les directions

a) Faire d'abord mijoter le zeste dans 1 litre d'eau pendant 6 min. Égoutter, rincer à l'eau froide et réserver. Porter le sucre et l'eau à ébullition.

b) Lorsque le sucre se dissout, couvrir la casserole et faire bouillir quelques minutes jusqu'à ce que les dernières gouttes de sirop tombent du bout d'une cuillère en métal pour former un fil. Retirer du feu, incorporer le zeste et laisser infuser 1 h.

c) Prêt à l'emploi ou à conserver couvert au réfrigérateur.

98. Panna cotta cardamome-noix de coco

Ingrédients
- 1 tasse de flocons de noix de coco non sucrés
- 3 tasses de crème épaisse
- 1 tasse de babeurre
- 4 gousses de cardamome verte, légèrement écrasées Une pincée de sel kasher
- 2 cuillères à café de gélatine granulée
- 1 cuillère à soupe d'eau
- ⅓ tasse de sucre cristallisé
- cuillère à café d'eau de rose

les directions

a) Préchauffer le four à 350°. Répartir la noix de coco sur une plaque de cuisson et mettre au four. Cuire jusqu'à ce qu'ils soient grillés et dorés, environ 5 minutes. Retirer du four et réserver.

b) Dans une casserole moyenne à feu moyen-vif, mélanger la crème épaisse, le babeurre, la cardamome et le sel et porter à ébullition. Retirer la casserole du feu, ajouter la noix de coco râpée et laisser reposer 1 heure. Filtrer le mélange à travers un tamis à mailles fines et jeter les solides.

c) Dans un bol moyen, mélanger la gélatine et l'eau. Laisser reposer 5 minutes.

d) Entre-temps, remettre la casserole à feu moyen, ajouter le sucre et cuire jusqu'à ce que le sucre se dissolve, environ 1 minute. Versez délicatement le mélange de crème filtrée sur le mélange de gélatine et fouettez jusqu'à ce que la gélatine se dissolve. Incorporer l'eau de rose au fouet et diviser le mélange dans 8 ramequins de 4 onces. Placer au réfrigérateur et laisser refroidir jusqu'à consistance ferme, au moins 2 heures jusqu'à la nuit

e) Réaliser les pétales de rose confits : Tapisser une plaque à pâtisserie de papier sulfurisé. Dans un petit bol, mélanger le sucre et la cardamome. À l'aide d'un pinceau à pâtisserie, badigeonnez les deux côtés de chaque pétale de rose avec le blanc d'œuf et trempez-les délicatement dans le sucre. Laisser sécher complètement sur le papier sulfurisé

f) Servir la panna cotta bien fraîche et garnir chaque portion de pétales de rose.

99. Crème brûlée à la chicorée

Ingrédients:
- 1 cuillère à soupe de beurre
- 3 tasses de crème épaisse
- 1 1/2 tasse de sucre
- 1 tasse de café de chicorée
- 8 jaunes d'œufs
- 1 tasse de sucre brut
- 20 petits biscuits sablés

les directions

a) Préchauffer le four à 275 degrés F. Graisser 10 ramequins (4 onces). Dans une casserole, à feu moyen, mélanger la crème, le sucre et le café.

b) Fouetter jusqu'à consistance lisse. Dans un petit bol à mélanger, fouetter les œufs jusqu'à consistance lisse. Tempérer les jaunes d'œufs dans le mélange de crème chaude. Retirer du feu et laisser refroidir. Verser dans des ramequins individuels. Placer les ramequins dans un plat allant au four.

c) Remplir le plat avec de l'eau qui monte jusqu'à la moitié du ramequin. Placer au four, sur la grille du bas et cuire jusqu'à ce que le centre soit pris, environ 45 minutes à 1 heure.

d) Retirer du four et de l'eau. Refroidir complètement.

e) Réfrigérer jusqu'à refroidissement. Saupoudrer le dessus de sucre en secouant l'excédent. A l'aide d'un chalumeau à main, caraméliser le sucre sur le dessus. Servir la crème brûlée avec des biscuits sablés.

100.　Fondue au chocolat à la menthe

Ingrédients:
- 1/2 tasse de crème épaisse
- 2 cuillères à soupe de liqueur de menthe poivrée
- 8 onces de chocolat mi-sucré

les directions
a) Faire chauffer la crème épaisse à feu moyen-doux
b) Ajouter la liqueur
c) Râpez le chocolat ou cassez-le en petits morceaux et ajoutez lentement au mélange tout en remuant
d) Remuer jusqu'à ce que le chocolat soit fondu

CONCLUSION

Les protéines et les graisses sont des macro-nutriments fondamentaux qui soutiennent toutes les structures vitales de votre corps. Creusez le dessert parfait de l'étagère du magasin est un défi. Vous ne pouvez pas facilement trouver un dessert à la fois nutritif et sain tout en contenant vos ingrédients préférés.

Si vous êtes un fan de ces friandises décadentes mais que vous avez peur de vous nourrir de conservateurs et de sucre excessif, alors ce livre de cuisine est votre recours sans culpabilité. Avec une sélection de recettes riches en protéines et de recettes riches en matières grasses, vous ne vous ennuierez jamais avec celles-ci.

www.ingramcontent.com/pod-product-compliance
Lightning Source LLC
Chambersburg PA
CBHW070653120526
44590CB00013BA/946